JN023575

カレー自由自在

水野仁輔

大和書房

はじめに

ここにシンプルなキーマカレーがあります。
玉ねぎとにんにく、しょうが、挽き肉だけ。
油に塩、水、スパイス以外は何も使わない。
これだけでおいしくなってしまったら驚き。
驚いてくださいね、おいしくなりますから。
でも、もっとおいしくなるかもしれません。

１．香りにホールスパイスを加えたり、
２．ベースにトマトを加えたり、
３．水分に赤ワインを加えたり、
４．サブ食材にいんげんとにんじんを加えたり、
５．隠し味にオイスターソースを加えたり、
６．隠し香りにミントを……

ほら、気がついたら、
さらに６種類もキーマカレーが誕生。
１〜６を一気に全部加えてみたら？
７種類目にスペシャルなキーマカレーが作れます。
どのキーマカレーもおいしいんです。

自由。
そう、スパイスで作るカレーはこんなにも自由です。
自由なカレーなのだから、
自由自在に作れるようになったら素敵ですよね。
臆せずページをめくりましょう。
楽しいカレークッキングが待っています。

CONTENTS

肉のカレー
(MEAT CURRY)

魚介のカレー
(SEAFOOD CURRY)

野菜・その他のカレー

(VEGETABLES / OTHER CURRY)

チキンカレー自由自在
ライブクッキング編

LIVE COOKING

スパイスカレーは炒めて混ぜて煮る

スパイスでカレーを作りたいと思ったとき、やるべきことは驚くほどシンプルです。

前半で炒めて、後半で煮る。ただそれだけ。

必要なものは、

素材（肉や野菜、魚介類）と油、水、塩、スパイス、以上！

こんな簡単においしいカレーができるなら、すぐにでもとりかかった方がいい。

気負わず肩の力を抜いて、作ってみようか。

なぜ、炒めるのか?

それは味わいが凝縮されて、うま味の土台ができあがるから。油を使って玉ねぎやにんにく、しょうがを炒める。いわゆる香味野菜というものだ。加熱して脱水して、次第に味が濃くなっていく。片手に鍋のトッテ、もうひとつの手に木べら。火加減を見ながら鍋の中をかき混ぜていく。それなりに忙しい作業だけれど、頑張った分だけ後でご褒美が待っている。

なぜ、混ぜるのか?

それは、スパイスの香りを加えられるから。そう、炒めるプロセスが終わったら、煮始める前にスパイスと塩を加えよう。うっすらとテリテリとつややかに光る油に粉状のスパイスが染みていく。同時にとてもいい香りが鍋の中から漂ってくるんだ。準備はできたよ。

なぜ、煮るのか?

それは、カレーの具が食べやすくなって、その味わいをスパイスの香りとなじませたいから。煮るときに活躍するのは、水だ。水を注ぎ、加熱してフツフツと煮立てれば、具を入れて放っておくだけ。煮るという行為は、割とゆっくり安心できるプロセスだ。何もしないでいるのに、鍋の中にあるすべてが全体的に融合し、味わいがどんどん深まっていく。完成だ。

スパイスカレーの
役者はそろった?

スパイスカレーはなぜおいしいの?

スパイスカレーはいったいどんな仕組みで生まれるの?

鍋の中に色んなアイテムを順に加えていくといつのまにかスパイスカレーはできている。

それぞれのアイテムには役割があるのだ。

そうか、あれとこれがこういう狙いで使われるから、そんな風味が生まれるのね。

理解が深まれば、カレー作りはあなたの思うまま。

すなわち、自由自在に操れる、はず。

基 本 の ア イ テ ム

最低限、これらがあれば、カレーはできる。そんな基本中の基本アイテム。

メイン

なんのカレーなのかは、メインの具に何を選ぶか次第。チキンカレーなら鶏肉、フィッシュカレーなら魚。カレーを作るときに真っ先に決めるべきアイテムだ。

玉ねぎ

玉ねぎがなかったらスパイスカレーは始まらない。うま味の素になる。だから、作る人がみんな関心を持っている。どう炒めたらいいか。どれだけ頑張れるか。

GG
(ジンジャー、ガーリック)

しょうがとにんにく(Ginger & Garlic)は、常に玉ねぎとセット。みじん切りにしたりすりおろしたり。それぞれが持つ強い風味は、あるとないとじゃ大違い。

必須のアイテム

スパイスは言わずもがな。他の3アイテムは地味だけど味の根幹を握っている。

油

油は、熱伝導のパートナー。鍋中の温度を上げ、素材に火を入れやすくするうえにパンチ力のあるうま味も。

塩

塩は、味の決め手。素材の味わいを存分に引き出し、カレーを引き締める。多すぎても少なすぎてもダメ。

スパイス

スパイスは、香りの王様。スパイスの香らないカレーはカレーではない。主役中の主役といっていい。

水

水は、調和の救世主。水が鍋の中に入る。加熱されて湯になる。煮ることですべての味わいがなじむ。

PLUS

応用のアイテム

カレーをもっとおいしくしたいと思ったとき、頼るべきアイテムは、たくさんある。

ベース

わかりやすく"うま味"を加えるアイテム。王道はトマト。ヨーグルトはすっきり系、ナッツは濃厚な味わいに。

水分

シンプルなのは水だが、他にもココナッツミルク、生クリーム、アルコール類、スープストックなんでも。

サブ

メインの具だけじゃ味気ない、というなら別の食材も。バラエティ豊かに楽しめ、味わいに奥行きが出る。

隠し味

見た目にも味わい的にも縁の下の力持ち。「どことなくおいしい」という不思議な魅力の立役者になれる。

隠し香り

見た目にも香り的にも割と華やか。でも、中心的な存在になるほどのインパクトはないから、風味の引き立て役。

シンプルカレーから
スペシャルカレーまで
好みのカレーが**自由自在**！

カレーは足し算と引き算を繰り返す料理だ。

そして、どれだけ足してどれだけ引いても結局どれもおいしくなってしまう不思議な食べ物でもある。

だったら自分の好みや気分に合わせて自由自在にカレーを作れてしまう？

その通り。基本的な手順さえ守ってくれさえすれば。

シンプルカレーとスペシャルカレーの時間軸

O— SIMPLE

O— SPECIAL

きっちり炒めれば、水分が抜け、甘みとうま味が強まり、香ばしい風味が生まれる。

加熱すると強い香りが生まれ、鍋中にある油分と融合して立ち上った香りが定着。

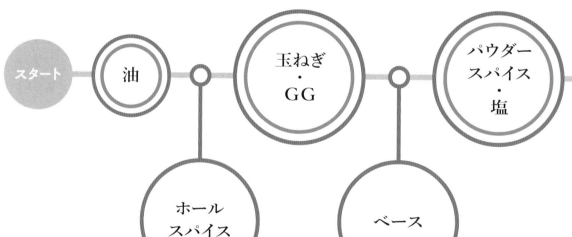

スタート 　油　　玉ねぎ・GG　　パウダースパイス・塩

ホールスパイス

ベース

油で炒めると色づいたりシュワシュワしたりプクッとふくらんだり。香りを生む準備完了。

カレーにうま味を加える頼れるアイテム。鍋中をよくなじませて、脱水すればグレードアップ。

SIMPLE カレーとは

最もシンプルな材料でカレーを作ろうと思ったら、何を使えばいい？　油で玉ねぎとにんにく、しょうがを炒め、スパイスを混ぜ、水と具を入れて煮るだけ。こんなに簡単でいいんだろうか!?　とことんまでそぎ落としたシンプルカレーの味わいは、とにかくすっきりして雑味がない。メインの具をスパイスの香りが引き立てる。

SPECIAL カレーとは

あれもこれもと欲張って材料をてんこ盛りしたカレーは、おいしさの頂点へ。あらゆるプロセスで足せるものを足し続け、山頂に到達したときには、香りが広がり、味は深まる。まるでカレー専門店で食べているようなレベルのカレーが自宅でできてしまう。スペシャルカレーは豪華な味わい。これ以上は何も加えなくて大丈夫。

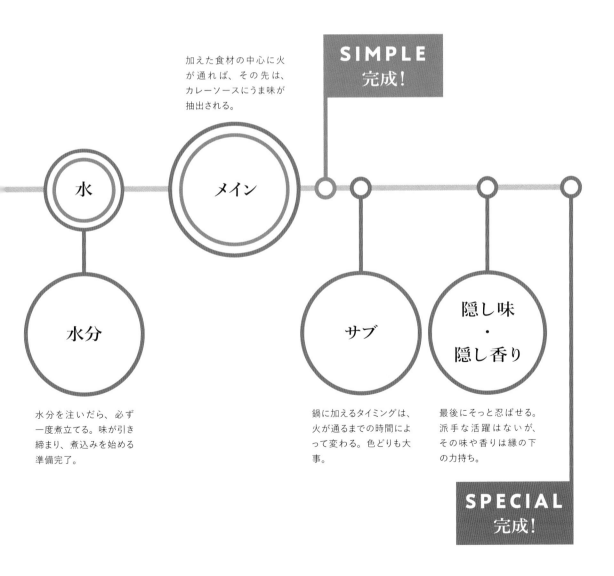

加えた食材の中心に火が通れば、その先は、カレーソースにうま味が抽出される。

SIMPLE 完成!

水

メイン

水分

水分を注いだら、必ず一度煮立てる。味が引き締まり、煮込みを始める準備完了。

サブ

鍋に加えるタイミングは、火が通るまでの時間によって変わる。色どりも大事。

隠し味・隠し香り

最後にそっと忍ばせる。派手な活躍はないが、その味や香りは縁の下の力持ち。

SPECIAL 完成!

スパイスの配合は、難しくない！

【 パウダースパイス一覧 】

クミン
刺激的で主張のある香り

ターメリック
土っぽい土台となる香り

パプリカ
香ばしくクセになる香り

コリアンダー
全体を調和する爽やかな香り

バランスのいい配合は、「黄色と赤色を少しずつ、茶色をどっさり」と覚えておこう。
そのうえで、本書では、4種類のパウダースパイスから3種類を選択して配合する。

❶「ターメリック×クミン×コリアンダー」MIX
昔懐かしい日本のカレー粉というイメージ。バランス以上
にわかりやすくカレーを想起させやすい香りを重ねること
を重視したミックス。

❷「ターメリック×パプリカ×コリアンダー」MIX
南インド料理を彷彿させる組み合わせ。バランス重視型で、
コリアンダーのまろやかでさわやかな香りが全体を調和し
てくれるミックス。

❸「パプリカ×クミン×コリアンダー」MIX
実例が少なそうでカレー感が少なめなイメージ。とはいえ
クミンとコリアンダーというツートップの印象が強く、主張
の強いミックス。

❹「ターメリック×パプリカ×クミン」MIX
北インド料理を彷彿させる組み合わせ。バランス重視型で、
世界のあちこちで愛用されるクミンの刺激的な香りを中心
に据えたミックス。

シンプルカレーは、パウダースパイスのみ。4種類のパウダースパイスがあるけれど、
1つのカレーに使うのは、3種類だけ。どの3つを選んでもおいしい香りは約束されている。
スペシャルカレーは、ホールスパイスも使う。7種類のホールスパイスを準備するけれど、
AチームとBチームに分類するから、わかりやすい。素材に合わせたチーム分けだから心配無用。

【 ホールスパイス一覧 】

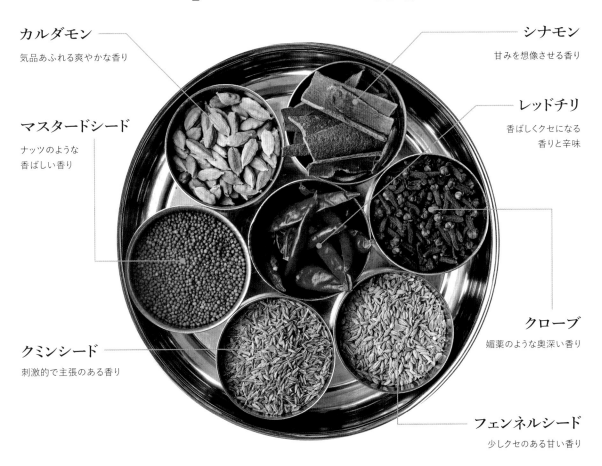

カルダモン
気品あふれる爽やかな香り

シナモン
甘みを想像させる香り

マスタードシード
ナッツのような
香ばしい香り

レッドチリ
香ばしくクセになる
香りと辛味

クミンシード
刺激的で主張のある香り

クローブ
媚薬のような奥深い香り

フェンネルシード
少しクセのある甘い香り

ホールスパイスはたくさんあるけれど、覚えておきたいのは2チームだけ。
主に野菜や魚介類と相性がいいAチーム、肉と相性がいいBチーム、以上。

Aチーム「フェンネル・マスタード・クミン」MIX
シード系スパイスと呼んでいて、植物の種を採取したもの。
バランスがよく口の中で噛むと刺激的な香りがはじける。
野菜や魚介類に合う。

Cチーム「レッドチリ」
カレーに辛味を加えたいときに使う。AチームやBチーム
との併用も可能。辛いだけでなく、香ばしい香りを加える
こともできる。

Bチーム「カルダモン・クローブ・シナモン」MIX
インド料理の有名なミックススパイス、"ガラムマサラ"の
主原料となる顔ぶれ。奥深い香りで風味の強い食材との
相性がいいため、肉に合う。

今日はどんなカレーを作ろうか

【 メインの食材一覧 】

鶏挽き肉　　　鶏手羽元肉

合挽き肉　　　鶏もも肉

豚バラ肉　　　牛肉

ラム肉　　　牛バラ肉

僕があるカレーを作ろうとしたとき、たいていは次の順番でアイテムを決めていく。

①メインの食材⇒②玉ねぎ、GGの切り方や加熱方法⇒③ベースの食材⇒④スパイス⇒⑤水分の食材⇒⑥サブの食材⇒⑦隠し味⇒⑧隠し香り

まずはメインの食材を決めるのだ。どんなカレーを作ろうか、何のカレーを食べようか。たとえばこんな感じ。

「牛肉のカレーにしよう。玉ねぎはくし形切り、GGはすりおろしてこんがり色づくまで炒める。ベースはトマトのうま味たっぷりで。スパイスは、そうだな、牛肉の風味が強めだから、バランスを取ってクミンを主体にしよう。水で煮込むけど、赤ワインも加えようかな。サブの食材としてマッシュルームを選べばリッチな感じになりそうだ。ブルーベリージャムの甘みを隠し味に。

濃厚なカレーになりそうだから、仕上げにはミントでスッキリさせようか」

メインの食材をどんな味や香りで楽しむかを考えながら設計していくのがスパイスカレーの組み立てになる。どんなふうに加熱したら味が抽出されたり食べやすくなったりするかは食材ごとに違う。ざっくりとしたイメージだけでもつかんでおきたい。

●肉のカレー

うま味たっぷり。風味は鶏肉は淡白だが、牛肉やラムはクセがある。骨付きや塊肉はやわらかく煮込むのに時間がかかるが、挽き肉なら短時間で火が入り、うま味も出やすい。

そのカレーの正体を決めるのが、メインの食材。
チキンカレーならチキン、フィッシュカレーならフィッシュ。すべてはここから始まる。

● **魚介類のカレー**
フィッシュカレーは風味が豊か。エビやカニなど甲殻
類を使うと信じられないほど出汁のうま味が出る。ど
のアイテムも短時間で火が入るから煮込みすぎると磯
臭さが出てしまう。

● **野菜・その他のカレー**
素材の味わいを堪能できるが、うま味は少なく軽やか。
食べやすくなるタイミングは素材によってバラバラだか
ら煮込み時間に注意が必要。豆は食べ応え、きのこ
類は風味がある。

あったらあったで、ないならないで

【 サブの食材一覧 】

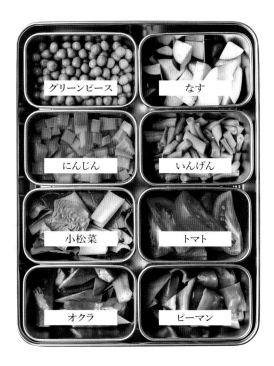

グリーンピース / なす / にんじん / いんげん / 小松菜 / トマト / オクラ / ピーマン

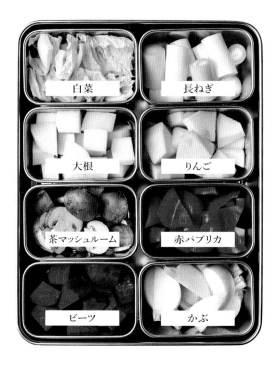

白菜 / 長ねぎ / 大根 / りんご / 茶マッシュルーム / 赤パプリカ / ビーツ / かぶ

サブの食材を選ぶときのポイントをいくつか紹介します。

● 味の相性
メインに選んだ食材との相性を考えながらサブの食材を選ぶ。鶏肉に大根、挽き肉になす、牛肉にマッシュルーム、魚介類に長ねぎなど。じゃがいもやトマトはオールマイティにいける、などなど自分の感覚で。

● 旬
一年中、どんな野菜でも栽培され、手に入る時代だが、やはり、夏にはゴーヤ、秋にはきのこ、冬には大根を手に取る感覚を持ち続けたい。複数の食材をひとつのカレーに使うときにもなるべく旬を意識しよう。

● 加熱時間
野菜ごとに火の入り方や時間はバラバラ。火の入りやすいものと入りにくいものはチーム分けして使いたい。煮込みに時間がかかりそうなら小さめに切るとか、早めに投入するなどの気遣いも大事。

● テクスチャー
カレーが完成したときにその食材がどんな舌ざわりになるのかを想像できると楽しみが増える。フカフカするのか、ムニュムニュするのか、シャキッとしているのか。複数が混在するのも楽しく、おいしさにもつながる。

● 色どり
カッテージチーズの白とトマトの赤で鮮やかに。ピーマンとオクラで緑を深めて。色味のバランスを考えながら選ぶのは楽しい。その素材が加熱された（煮込まれた）後にどんな風に色が変化するのかも大事。

● 自分の好み
なぜかいつも選んでしまう食材というものがある。それはきっと自分の好みに合っているのだと思う。僕なら、キャベツやまいたけ、かぶなどがそれにあたる。にんじんはちょっと苦手。豆は最近のブーム。迷ったときのよりどころに。

メインの素材を引き立てる役割としてサブの食材がある。主役じゃないから気楽に。
冷蔵庫の中には何がある？　自由に組み合わせて鍋に放り込んでみよう。

キャベツ
ブロッコリー
しいたけ
まいたけ
れんこん
ごぼう
レッドキドニー
たけのこ

カリフラワー
オリーブ
ほうれん草
ドライトマト
レタス
エリンギ
ひよこ豆
コーン

うずらの卵
しめじ
ミニトマト
カッテージチーズ
じゃがいも
キムチ
ズッキーニ
黄パプリカ

アボカド
さつまいも
セロリ
紫玉ねぎ
えのきだけ
白マッシュルーム
ゴーヤ
枝豆

ベースのうま味はカレーの救世主

カレーのおいしさの方向性を決定づけるのがベース。
これらがあるのとないのとでは、味わいが違う。どんなカレーもおいしくしてくれる。

【 ベースの食材一覧 】

トマトピューレ

カシューナッツペースト

プレーンヨーグルト

●**トマトピューレ**
最もオーソドックスなアイテム。生トマトや水煮缶もいいが、濃縮されたピューレがオススメ。

●**カシューナッツペースト**
ちょっと手間がかかるが、濃厚で強いうま味を加えられる。

●**プレーンヨーグルト**
すっきりとした酸味と乳製品のコクでバランスが取れたアイテム。加糖されていないものがいい。

カシューナッツペースト

（ 材 料 ）
カシューナッツ（無塩）… 100g
フライドオニオン … 50g
熱湯 … 250ml

（ 下準備 ）
カシューナッツはできればフライパンなどで軽く焙煎しておく。

（つくり方）
ボウルにカシューナッツとフライドオニオンを入れて熱湯を注ぎ、ざっと混ぜ合わせ、10分ほど置く。ミキサーでペーストにする。

 ▶  ▶

水分のアレンジは腕の見せどころ

シンプルにいくなら水だけれど、水に代わる"水分"はさまざま。
それぞれに味わいが違うから、特性を知って作りたいカレーによって使い分けよう。

【 水分の食材一覧 】

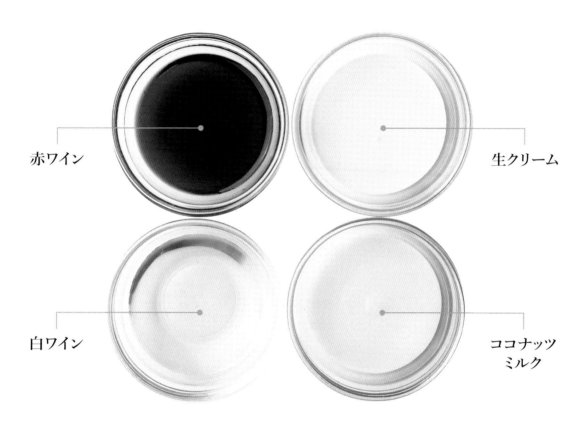

赤ワイン　　　　　　　　　　　　　　　　　生クリーム

白ワイン　　　　　　　　　　　　　　　　　ココナッツ
　　　　　　　　　　　　　　　　　　　　　ミルク

●ワイン
アルコール類は全般、カレーに豊かな風味を与えるアイテム。なかでもワインは食材の相性を選ばず使いやすい。たとえば赤ワインは肉に、白ワインは野菜や魚介類に。

●生クリーム
カレーを煮込む水分の中では最も強烈にうま味を加えるアイテム。乳脂肪分が強いため、長時間煮込むよりも煮込みの後半に加えて加熱しながら混ぜ合わせる程度がベター。

●ココナッツミルク
クリーミーかつ濃厚なコクを持つが、生クリームほど強くはない、バランスのいいアイテム。南インドやスリランカ、東南アジアでも活躍。どことなく異国情緒ある風味に。

●鶏ガラスープ
本書では、後半のライブクッキング編に登場する。ブイヨンやスープストックなどは見た目の存在感は弱いが、うま味は強い。

味つけは煮込みの味方

使う量はわずかだけれど、カレー全体の味わいを深めてくれる不思議なアイテム。
煮込むときに鍋に加えて、その味わいを隅々まで行き届かせよう。

【 隠し味一覧 】

ブルーベリージャム　塩麹
三温糖　オイスターソース　マーマレード
はちみつ　ココナッツファイン

ナンプラー　粒マスタード
スイートチリソース　生クリーム
梅酒　白ごま
酒盗（塩辛）　柚子胡椒
黒糖　粉チーズ
バター　だし粉

調味料的なものが多いが、いくつかのジャンルに分けて頭に
入れておくと便利。

● 発酵調味料
ナンプラーやオイスターソースなど、発酵から生まれるうま味は
強力。本書では登場しないが、醤油や味噌も強い味方。

● 乳製品
バターや粉チーズ、生クリームは、加えた直後からまろやかで
コクのあるうま味をカレーに加えることができる。

● 糖分
最もメジャーな隠し味と言っていい。砂糖、はちみつ、ジャム類。
味覚の中で一番最初に人間が感知するおいしさ。

● その他
ごまやココナッツ、スパイスなどの風味豊かなものたち。香り
だけでなく味わいもあるものは隠し味として有効なアイテム。

香りづけは煮込みの後半に

主にハーブ類が活躍する。煮込みが終わり、
完成間近のカレーに加えて混ぜ合わせることで華やかな香りが加わり、全体の風味が増強される。

【 隠し香り一覧 】

しょうが　パクチー　パセリ　タイム

ミント　ガラムマサラ　ブラックペッパー　ディル

ローズマリー　カスリメティ　青ねぎ　バジルペースト

スパイスかハーブ（葉の部分）かの違いや、ドライかフレッシュかの違いで分類。

●ドライ・スパイス
ブラックペッパーのような単体もあれば、ガラムマサラのようなミックスもあり。重厚感のある香りを加えたいときに。

●ドライ・ハーブ
カスリメティ（乾燥したフェヌグリークの葉）が、いま一部の間で大流行。その他のドライ・ハーブも手に入りやすい。

●フレッシュ・スパイス
本書ではしょうがの千切りが活躍。にんにくのすりおろしを仕上げに混ぜ合わせるのもあり。強いアクセントを生める。

●フレッシュ・ハーブ
仕上げの香りづけに最も効果的。炒めたり煮たり、しっかり加熱されたカレーに新鮮な香りを加えて味わいに奥行きを。

基本の道具

カレーに必要な道具はそれほど多くない。
いい道具を揃えることよりも自分の使っている道具の特徴をよく把握しておくことが大事。

鍋（ふた付き）

底の厚い片手鍋がいい。焦げつきにくいから。最近の鍋は多層構造が多く、フッ素樹脂加工がされていたらさらに使いやすい。片手鍋だと前半の"炒める"がやりやすい。ふたは透明だとベター。

ゴムべら

鍋の内側にこびりついた食材やエキスをきれいにぬぐうのにゴムべらを使う。なければなくてもいい道具だが、丁寧な作業の積み重ねがおいしさを生んでくれる。

木べら

炒めるのも煮込むのも基本的に木べらをよく使う。ステンレスのへらやおたまなどでは鍋を傷つけてしまうし、鍋底をこすったりしにくい。カレーには木べら。

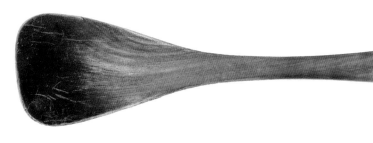

おたま

できあがったカレーを盛り付けるときにはおたま（レードル）が必要。なんでもいいと思う。シリコンなどでできているものだと具を傷つけずにきれいに盛れる。

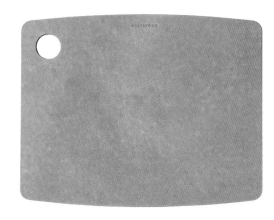

まな板

まな板に対するこだわりはほとんどない。丸型でも角型でもなんでもいいと思う。大事なのは、よく洗って常に清潔に保っておくこと、くらいだろうか。

包丁

包丁は大事！ 包丁こそ、普段から使い慣れているものを。僕は贅沢だけれどサイズや用途別に5種類を持っている。使いやすい1本があればいい。よく研いで切れ味を保とう。

計量器

計量器はあると便利。レシピの材料表記は、「1個」とか「1/2本」とかアバウトなことも多いけれど、「何グラム」なのかを知っておくのは、目安になる。

計量スプーン

慣れるまでは、きっちり計量してカレーを作るのがオススメ。計量スプーンはそのために欠かせない道具。"すりきり"を計量できるタイプがいい。大さじと小さじがあればOK。

計量カップ
（大・小）

計量カップもあると便利。4人分のカレーなら、たいてい使用する水分は多くても400mlくらいまでだから、500mlほどが計量できればよし。

本書の使い方　シンプルカレーをアレンジして、スペシャルカレーに。

◎ 表の見方について

すべてのレシピ（ライブクッキング編以外）に「自由自在表」をつけました。表は左から「メイン（の具）」、「玉ねぎ」、「GG（にんにく、しょうが）」、「パウダースパイス」と続きます。ここまでを使って作るのがシンプルカレー。ここから右側に続くアイテムをすべて追加するとスペシャルカレーができます。右側の追加アイテムについては、「あったらあったで、ないならないで」。何をどう選んでもOK。自由自在に組合せを考えてみてください。

表の一例（キーマカレーの場合）

	SIMPLE						SPECIAL						Aチーム			Bチーム			
メイン	玉ねぎ	GG	ターメリック	パプリカ	クミン	コリアンダー	ベース	水分	サブ1	サブ2	隠し味	隠し香り	クミン	フェンネル	マスタード	カルダモン	クローブ	シナモン	レッドチリ
合挽き肉	くし形切り	すりおろし（ジュース）	○	○	○		プレーンヨーグルト	水	グリーンピース	なす	ココナッツファイン	パクチー					○		

◎ 玉ねぎについて

玉ねぎの量は、小1個（200g）、中1個（250g）、大1個（300g）を目安とします。
炒め具合いの表現は、以下の通りです。

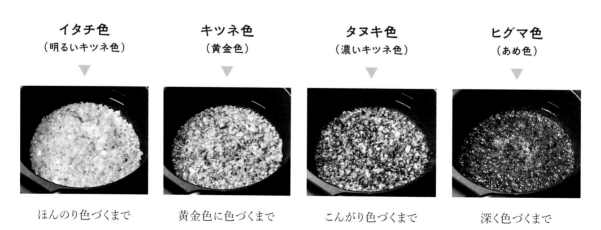

イタチ色（明るいキツネ色）	**キツネ色**（黄金色）	**タヌキ色**（濃いキツネ色）	**ヒグマ色**（あめ色）
▼	▼	▼	▼
ほんのり色づくまで	黄金色に色づくまで	こんがり色づくまで	深く色づくまで

◎ 塩について

塩は、小さじ1弱（5g）、小さじ1（6g）、小さじ1強（7g）、小さじ1と1／2（8g）を目安とします。

粗塩ではなく粒子の細かい塩を使用し、計量方法は「すりきり」です。

海塩か岩塩かは問いません。

◎ 油について

油の表記は基本的に「植物油」としています。

本書では米油を使っています。

サラダ油やキャノーラ油などでも構いませんが、できれば、原材料がはっきりしている油

（紅花油、オリーブ油、ヒマワリ油、綿実油など）をオススメします。

◎ 水の量について

レシピに表記された水の量は、レシピ撮影時に使用した適量です。

鍋の材質やサイズ、鍋底の厚さ、火加減などによって加熱後の水分量がかなり変わる可能性があります。

そのため、レシピに表記された水分量から、

マイナス50ml～プラス50ml程度は調整する必要があるかもしれません。

少なければ足す、多すぎたら煮詰めるなどをオススメします。

◎ 具の総量について

レシピは4人分、完成量は800gを目安とします。

メインとサブの具の総量は、基本的に400g～500gにすると作りやすいです。

たとえば、以下のようなイメージです。

●シンプルキーマカレー……合挽き肉（400g）
●スペシャルキーマカレー……合挽き肉（200g）+なす（150g）+グリーンピース（110g）＝合計460g

MEAT CURRY

肉のカレー

玉ねぎの炒め方
【 肉のカレー編 】

玉ねぎは**くし形**に切り、
にんにくとしょうがはすりおろして水を加えGGジュースにする。
玉ねぎは大きく切ると甘みと風味がより強く感じられます。
肉のカレーは煮込み時間が長いため、仕上がりにとろりとした
なめらかな玉ねぎの食感も楽しめるのがこの炒め方です。

● **GGジュース**（1/2カップ強）
にんにく（すりおろし）… 1片（6g）
しょうが（すりおろし）… 1片（9g）
水 … 100ml

炒める前

切り方は
くし形切り

炒めた後

PROCESS

鍋に油を熱し、玉ねぎを加えてざっと混ぜ合わせる。油が玉ねぎの表面に絡んだら、強めの中火で表面を焼きつけるように炒める。玉ねぎがしんなりやわらかくなってきたら、木べらを動かしながら焼き色を強めていく。GGジュースを加えて全体になじませ、水分がきっちり飛んで油の照りがにじみ出てくるまで炒める。

キーマカレー

| | | | SIMPLE | | | | SPECIAL | | | | | | Aチーム | | | Bチーム | | | |
メイン	玉ねぎ	GG	ターメリック	パプリカ	クミン	コリアンダー	ベース	水分	サブ1	サブ2	隠し味	隠し香り	クミン	フェンネル	マスタード	カルダモン	クローブ	シナモン	レッドチリ
合き肉	くし形切り	すりおろし（ジュース）	○	○	○		プレーンヨーグルト	水	グリーンピース	なす	ココナッツファイン	パクチー						○	

自由自在のヒント

グリーンピースは、キーマカレーに定番の組合せ。ヨーグルトとココナッツファインは相性がよく、独特の風味や適度な酸味が挽き肉から出る強烈なうま味とのバランスを取ってくれます。なすを加えたのは、油脂分を吸ってくれるから。なす自体がおいしくなるうえに全体的な食べ心地をスッキリさせる効果があります。さらに仕上げのパクチーでフレッシュな香りを。好きならどっさり加えるのもありです。

SIMPLE

大人気のキーマ。挽き肉のうま味が炸裂

（材料）

植物油 … 大さじ3
玉ねぎ（くし形切り） … 大1個（300g）
GGジュース（P.27参照） … 1/2カップ強
●パウダースパイス
　ターメリック … 小さじ1
　パプリカ … 小さじ2
　クミン … 大さじ1
合挽き肉（あれば粗挽き） … 400g
塩 … 小さじ1と1/2
水 … 250ml

（つくり方）

◎炒める
鍋に油を熱し、玉ねぎを加えて表面がこんがりキツネ色になるまで炒める。GGジュースを加えて水分がきっちり飛ぶまで炒める。（プロセス❶）パウダースパイスを加えて炒め合わせる。（プロセス❷）合挽き肉と塩を加えて肉に完全に火が通るまで炒める。（プロセス❸）

◎煮る
水を注いで煮立て、弱火で5分ほど煮る。

PROCESS

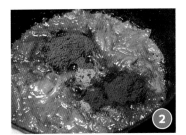

スパイスも野菜も加わって風味がてんこ盛り

(材料)

植物油 … 大さじ3
●**ホールスパイス**
| カルダモン … 4粒
| クローブ … 6粒
| シナモン … 1/2本
玉ねぎ（くし形切り）… 中1個（250g）
GGジュース（P.27参照）… 1/2カップ強
合挽き肉 … 200g
●**パウダースパイス**
| ターメリック … 小さじ1
| パプリカ … 小さじ2
| クミン … 大さじ1
塩 … 小さじ1と1/2
ココナッツファイン … 大さじ2
プレーンヨーグルト … 200g
水 … 100ml
なす（乱切り）… 2本（150g）
グリーンピース … 2缶（110g）
パクチー（ざく切り）… 1/2カップ

(つくり方)

◎**炒める**

鍋に油を熱し、ホールスパイスを加えて炒める。玉ねぎを加えてタヌキ色になるまで炒める。（プロセス❶）GGジュースを加えて水分がきっちり飛ぶまで炒める。合挽き肉を加えてさっと炒め（プロセス❷）、パウダースパイスと塩を加えて炒める。ココナッツファインを加えて混ぜ合わせ（プロセス❸）、プレーンヨーグルトを加えて混ぜ合わせる。

◎**煮る**

水を注いで煮立て、なすとグリーンピースを加えてふたをして弱火で5分ほど煮る。（プロセス❹）強火にしてパクチーを混ぜ合わせてさっと煮る。

PROCESS

骨付きチキンカレー

			SIMPLE				SPECIAL						Aチーム			Bチーム				
メイン	玉ねぎ	GG	ターメリック	パプリカ	クミン	コリアンダー	ベース	水分	サブ1	サブ2	隠し味	隠し香り	クミン	フェンネル	マスタード	カルダモン	クローブ	シナモン	クローブ	レッドチリ
鶏手羽元肉	くし形切り	すりおろし（ジュース）	○	○	○	○	プレーンヨーグルト	ココナッツミルク	白菜	長ねぎ	塩麹	ローズマリー							○	

自由自在のヒント

全体的に白くておいしいものをたっぷり使って鶏肉をより華やかに演出するのがこのカレー。塩麹のうま味、ヨーグルトのコク、ココナッツミルクの濃厚でまろやかな風味。これらでしっかりとおいしさが出ます。さらに長ねぎも白菜も白っぽいアイテム。煮込めば煮込むほどソースに味わいが抽出されるのは鶏手羽元と同じ。時間に余裕があれば、1時間以上煮ると、さらにおいしくなりますよ。

SIMPLE

鶏手羽元の存在感は味にも見た目にも

（ 材 料 ）

植物油 … 大さじ3
玉ねぎ（くし形切り） … 大1個（300g）
GGジュース（P.27参照） … 1/2カップ強
鶏手羽元肉 … 500g
塩 … 小さじ1と1/2
● パウダースパイス
| ターメリック … 小さじ1
| パプリカ … 小さじ1
| コリアンダー … 大さじ1強
水 … 350ml

（つくり方）

◎炒める
鍋に油を熱し、玉ねぎを加えて表面がこんがりキツネ色になるまで炒める。GGジュースを加えて水分がきっちり飛ぶまで炒める。鶏肉と塩、パウダースパイスを加えて（プロセス❶）さっと炒め合わせる。（プロセス❷）

◎煮る
水を注いで煮立て、ふたをして弱火で30分ほど煮る。（プロセス❸）

PROCESS

SPECIAL

クリーミーに、濃厚に、風味豊かに

(材料)

植物油 … 大さじ3
● ホールスパイス
| カルダモン … 4粒
| クローブ … 6粒
| シナモン … 1/2本
玉ねぎ（くし形切り）… 中1個（250g）
GGジュース（P.27参照）… 1/2カップ強
鶏手羽元肉 … 300g
● パウダースパイス
| ターメリック … 小さじ1
| クミン … 小さじ2
| コリアンダー … 大さじ1
塩 … 小さじ1弱（5g）
塩麹 … 大さじ2
プレーンヨーグルト … 100g
水 … 250ml
白菜（2センチ幅）… 3枚（100g）
長ねぎ（3センチ幅）… 1本（100g）
ココナッツミルク … 100ml
ローズマリー … 適量

PROCESS

（つくり方）

◎ 炒める

鍋に油とホールスパイスを入れて中火で熱し、カルダモンがふくらむまで炒める。玉ねぎを加えてタヌキ色（濃いキツネ色）になるまで炒め、GGジュースを加えて水分を飛ばす。（プロセス❶）鶏肉を加えて表面全体が色づくまで炒め、パウダースパイス、塩、塩麹を加えてさっと炒め合わせる。（プロセス❷）

◎ 煮る

ヨーグルトを加えて混ぜ合わせ（プロセス❸）、水を注いで煮立て、白菜と長ねぎを加えてふたをして弱火で40分ほど煮込む。ふたを開けてココナッツミルクとローズマリーを加え、5分ほど煮る。（プロセス❹）

ドライキーマカレー

	SIMPLE						SPECIAL							Aチーム			Bチーム			
メイン	玉ねぎ	GG	ターメリック	パプリカ	クミン	コリアンダー	ベース	水分	サブ1	サブ2	隠し味	隠し香り		クミン	フェンネル	マスタード	カルダモン	クローブ	シナモン	レッドチリ
鶏もも挽き肉	くし形切り	すりおろし（ジュース）	○	○		○	トマトピューレ	赤ワイン	にんじん	いんげん	オイスターソース	ミント			○					○

SIMPLE うま味は強いけれど味わいはさっぱり

（材料）

植物油 … 大さじ3
玉ねぎ（くし形切り）… 大1個（300g）
GGジュース（P.27参照）… 1/2カップ
鶏もも挽き肉 … 600g
塩 … 小さじ1と1/2
●パウダースパイス
　ターメリック … 小さじ1
　パプリカ … 小さじ1
　コリアンダー … 大さじ1強

（つくり方）

◎炒める

鍋に油を熱し、玉ねぎを加えて表面がこんがりキツネ色になるまで炒める。GGジュースを加えて水分がきっちり飛ぶまで炒める。鶏挽き肉と塩を加えて肉に完全に火が通るまで炒める。パウダースパイスを加えて炒め合わせる。

◎煮る

中火で5分ほど煮詰める。

SIMPLE
ドライキーマ
カレー

王道のパウダースパイスミックスとシード（種）を中心としたホールスパイスで、刺激的でありながら安心感のある香りが楽しめます。トマトベースはオールマイティで、どんな野菜でも受け入れてくれる。鶏挽き肉は火が入るとパラッとした食感になるので、全体的なバランスを整えるために野菜は細かく切ります。隠し味のオイスターソースはなくても十分。なければないでおいしくなるので。

SPECIAL スパイスの香りを存分に楽しめる

（ 材料 ）

植物油 … 大さじ3
●**ホールスパイス**
 クミンシード … 小さじ1/2
 フェンネルシード … 少々
 マスタードシード … 小さじ1/2
 レッドチリ … 2本
玉ねぎ（くし形切り）… 中1個（250g）
GG ジュース（P.27参照）
… 1/2カップ
トマトピューレ … 大さじ3
●**パウダースパイス**
 ターメリック …… 小さじ1
 パプリカ … 小さじ1
 コリアンダー … 大さじ1

塩 … 小さじ1弱（5g）
鶏もも挽き肉 … 300g
にんじん（1センチ角）
… 1/2本（180g）
いんげん（2センチ幅）
… 10本（85g）
オイスターソース … 小さじ2
赤ワイン … 100ml
ミント（ざく切り） … 1/2カップ

（つくり方）

◎**炒める**

鍋に油を熱し、ホールスパイスを加えて炒める。玉ねぎを加えて表面がこんがりキツネ色になるまで炒める。GG ジュースを加えて水分がきっちり飛ぶまで炒める。トマトピューレを加えて炒める。パウダースパイスと塩を加えて炒め合わせる。鶏挽き肉を加えてざっと混ぜ合わせ、にんじんといんげん、オイスターソースを加えて混ぜ合わせる。

◎**煮る**

赤ワインを注いで煮立て、ふたをして弱火で10分ほど煮る。ふたを開けてミントを加えて5分ほど煮詰める。

SPECIAL
ドライキーマ
カレー

MEAT CURRY

チキンカレー

	SIMPLE						SPECIAL						Aチーム クミン フェンネル マスタード	Bチーム カルダモン クローブ シナモン	レッドチリ
メイン	玉ねぎ	GG	ターメリック	パプリカ	クミン	コリアンダー	ベース	水分	サブ1	サブ2	隠し味	隠し香り			
鶏もも肉	くし形切り	すりおろし（ジュース）	○	○	○		カシューナッツ	水	小松菜	トマト	三温糖	しょうが			○

SIMPLE　この味ができれば他に何も要らない、かも

（ 材料 ）

植物油 … 大さじ3
玉ねぎ（くし形切り）… 大1個（300ｇ）
GGジュース（P.27参照）… 1/2カップ強
鶏もも肉 … 400ｇ
塩 … 小さじ1と1/2
●パウダースパイス
　ターメリック … 小さじ1
　パプリカ … 小さじ1
　クミン … 大さじ1強
水 … 250ml

（つくり方）

◎炒める

鍋に油を熱し、玉ねぎを加えて表面がこんがりキツネ色になるまで炒める。GGジュースを加えて水分がきっちり飛ぶまで炒める。鶏肉と塩を加えて肉に完全に火が通るまで炒める。パウダースパイスを加えて炒め合わせる。

◎煮る

水を注いで煮立て、弱火で10分ほど煮る。

SIMPLE
チキンカレー

スパイスでカレーを作るときに最も使いやすい食材は鶏もも肉だと思います。火が通るまでの時間は短く、臭みもなく食べやすいのに適度にうま味がある。だから、どんなベースや食材を合わせてもバランスが取れます。とはいえ、カシューナッツをベースにして砂糖の甘みを加えたら、ちょっとおいしくなりすぎてしまうので、トマトを具として投入し酸味を少し加えることで食べやすくなります。

SPECIAL　誰もが「おいしい」と言ってくれる、はず

（ 材料 ）

植物油 … 大さじ3
●ホールスパイス
　カルダモン … 4粒
　クローブ … 4粒
　シナモン … 1/2本
玉ねぎ（くし形切り）… 中1個（250g）
GGジュース（P.27参照）
… 1/2カップ強
カシューナッツペースト（P.18参照）
… 大さじ3
●パウダースパイス
　ターメリック … 小さじ1
　パプリカ … 小さじ1
　クミン … 大さじ1強

塩 … 小さじ1と1/2
三温糖 … 小さじ2
水 … 250ml
鶏もも肉 … 250g
トマト（くし形切り）… 2個（300g）
小松菜
（ざく切りにしてさっと湯通し）
… 2束
しょうが（千切り）… 適量

（つくり方）

◎炒める

鍋に油を熱し、ホールスパイスを加えて炒める。玉ねぎを加えてキツネ色になるまで炒め、GGジュースを加えて水分を飛ばす。カシューナッツペーストを加えて炒め、パウダースパイスと塩、三温糖を加えて炒め合わせる。

◎煮る

水を注いで煮立て、鶏肉を加えてふたをせずに弱火で10分ほど煮る。トマトと小松菜を加えてふたをして弱火で5分ほど煮る。しょうがを混ぜ合わせる。

SPECIAL
チキンカレー

チキンマサラ

メイン	玉ねぎ	GG	ターメリック	パプリカ	クミン	コリアンダー	ベース	水分	サブ1	サブ2	隠し味	隠し香り	Aチーム クミン	Aチーム フェンネル	Aチーム マスタード	Bチーム カルダモン	Bチーム クローブ	Bチーム シナモン	レッドチリ
			SIMPLE				SPECIAL												
鶏もも肉	くし形切り	すりおろし（ジュース）	○		○	○	トマトピューレ	水	オクラ	ピーマン	マーマレード	カスリメティ	○						○

SIMPLE 鶏肉多めで"肉を味わう"濃厚なカレー

（ 材 料 ）

植物油 … 大さじ3
玉ねぎ（くし形切り）… 大1個（300g）
GGジュース（P.27参照）… 1/2カップ
鶏もも肉 … 600g
塩 … 小さじ1と1/2
●パウダースパイス
　ターメリック … 小さじ1
　クミン … 小さじ2
　コリアンダー … 大さじ1強
水 … 50ml

（つくり方）

◎炒める

鍋に油を熱し、玉ねぎを加えて表面がこんがりキツネ色になるまで炒める。GGジュースを加えて水分がきっちり飛ぶまで炒める。鶏肉と塩を加えて表面全体が色づくまで炒める。パウダースパイスを加えて炒め合わせる。

◎煮る

水を注いで煮立て、ふたをして弱火で10分ほど煮る。ふたをあけて強火でさっと煮詰める。

SIMPLE
チキンマサラ

鶏肉にはどんな野菜も合うけれど、夏にはぜひオクラを。ピーマンは具として入れますが、実は、裏の狙いは"風味付け"でもあります。少しクセのある香りが入ることで全体の味わいが引き立つ。フェンネルシードやカスリメティは手に入ったらぜひ使ってみてください。割とスタンダードなチキンカレーに、いつもと違う香りが加わって奥行きが楽しめます。マーマレードは意外ですがオススメの隠し味。

SPECIAL　いつもと違う香りが楽しめるカレー

（ 材 料 ）

植物油 … 大さじ3
●ホールスパイス
 クミンシード … 小さじ1
 フェンネルシード … 小さじ1/4
 マスタードシード … 小さじ1/2
 レッドチリ … 3本
玉ねぎ（くし形切り）… 大1個（300g）
GGジュース（P.27参照）
 … 1/2カップ強
トマトピューレ … 大さじ3
●パウダースパイス
 ターメリック … 小さじ1
 クミン … 小さじ2
 コリアンダー … 大さじ1強

塩 … 小さじ1と1/2
水 … 150ml
鶏もも肉（ひと口大）… 250g
オクラ（3等分）… 150g
ピーマン（乱切り）… 100g
マーマレード … 大さじ1
カスリメティ … 1/2カップ

（つくり方）

◎炒める
鍋に油とホールスパイスを加えて中火にし、マスタードシードがはじけてくるまで炒める。玉ねぎを加えてキツネ色になるまで炒める。GGジュースを加えて水分を飛ばす。トマトピューレを混ぜ合わせ、炒める。パウダースパイスと塩を加えて炒める。

◎煮る
水を注いで煮立て、鶏肉を加えて5分ほど煮る。オクラとピーマン、マーマレード、カスリメティを加えて5分ほど煮る。

SPECIAL
チキンマサラ

ポークカレー

	SIMPLE						SPECIAL						Aチーム クミン	Aチーム マスタード	Aチーム フェンネル	Bチーム クローブ	Bチーム カルダモン	シナモン	レッドチリ
メイン	玉ねぎ	GG	ターメリック	パプリカ	クミン	コリアンダー	ベース	水分	サブ1	サブ2	隠し味	隠し香り							
豚バラ肉	くし形切り	すりおろし（ジュース）		◯	◯	◯	カシューナッツ	ココナッツミルク	大根	りんご	ココナッツファイン	ガラムマサラ							◯

SIMPLE　あっという間に抽出されるうま味と甘み

（ 材 料 ）

植物油 … 大さじ3
玉ねぎ（くし形切り） … 大1個（300g）
GGジュース（P.27参照） … 1/2カップ強
● パウダースパイス
　パプリカ … 小さじ2
　クミン … 大さじ1
　コリアンダー … 小さじ2
塩 … 小さじ1と1/2
水 … 250ml
豚バラ肉（スライス） … 400g

（つくり方）

◎炒める

鍋に油を熱し、玉ねぎを加えてキツネ色になるまで炒める。GGジュースを加えて水分を飛ばす。パウダースパイスと塩を加えて炒め合わせる。

◎煮る

水を注いで煮立て、豚肉を加えてふたをして5分ほど煮る。

SIMPLE
ポークカレー

"ナッツ"がつくものはたいていカレーをおいしくしてくれます。カシューナッツペーストとココナッツファイン。ぜいたくに2種類も使うカレーだから、納得のおいしさが生まれます。ただ、単調な味わいになってしまわないように気を付けたい。そこで、意外な食材を組み合わせることにしました。出汁のうま味が出る大根、甘酸っぱい隠し味的な効果を発揮するりんご。意外性あるカレーになります。

自由自在の
ヒント

SPECIAL　ほんのり甘酸っぱくコクのあるカレー

（ 材 料 ）

植物油 … 大さじ3
●**ホールスパイス**
　カルダモン … 4粒
　クローブ … 6粒
　シナモン … 1/2本
玉ねぎ（くし形切り） … 中1個（250g）
GGジュース（P.27参照）
… 1/2カップ強
カシューナッツペースト（P.18参照）
… 大さじ2
豚バラ肉（小さめのひと口大）
… 250g
●**パウダースパイス**
　パプリカ … 小さじ2
　クミン … 小さじ2
　コリアンダー … 大さじ1

塩 … 小さじ1と1/2
ココナッツファイン … 大さじ1
水 … 250ml
ココナッツミルク … 100ml
大根（小さめのひと口大）
… 200g
りんご（小さめのひと口大）
… 100g
ガラムマサラ … 小さじ1

（つくり方）

◎炒める
鍋に油とホールスパイスを加えて炒める。玉ねぎを加えてキツネ色になるまで炒め、GGジュースを注いで水分を飛ばす。カシューナッツペーストを加えて炒め、豚肉とパウダースパイス、塩、ココナッツファインを加えて炒め合わせる。

◎煮る
水を注いで煮立て、ふたをして弱火で10分ほど煮る。ふたをあけてココナッツミルクと大根、りんごを加えてふたをして弱火で10分ほど煮る。ふたをあけてガラムマサラを混ぜ合わせ、10分ほど煮る。

SPECIAL
ポークカレー

MEAT CURRY

ビーフカレー

	SIMPLE						SPECIAL						Aチーム			Bチーム			
メイン	玉ねぎ	GG	ターメリック	パプリカ	クミン	コリアンダー	ベース	水分	サブ1	サブ2	隠し味	隠し香り	クミン	フェンネル	マスタード	カルダモン	クローブ	シナモン	レッドチリ
牛肉	くし形切り	すりおろし（ジュース）	○		○	○	トマトピューレ	赤ワイン	茶マッシュルーム	赤パプリカ	ブルーベリージャム	ガラムマサラ							○

SIMPLE　贅沢な食材を素朴な味わいで楽しむ

（ 材 料 ）

植物油 … 大さじ3
玉ねぎ（くし形切り）… 大1個（300g）
GGジュース（P.27参照）… 1/2カップ強
● パウダースパイス
　ターメリック … 小さじ1
　クミン … 大さじ1
　コリアンダー … 大さじ1
塩 … 小さじ1と1/2
水 … 250ml
牛バラ肉（スライス）… 400g

（つくり方）

◎炒める

鍋に油を熱し、玉ねぎを加えてキツネ色になるまで炒める。GGジュースを加えて水分を飛ばす。パウダースパイスと塩を加えて炒め合わせる。

◎煮る

水を注いで煮立て、牛肉を加えてふたをして5分ほど煮る。

SIMPLE
ビーフカレー

自由自在
の
ヒント

牛肉というだけで十分リッチなのにさらに豪華に牛肉と相性抜群のマッシュルーム。パプリカは色どりだけでなく風味のアクセントに。赤ワインで煮込むとフレーバーだけでなく、適度な酸味も加わります。そこにブルーベリージャムの甘み。牛肉のしっかりしたうま味に負けない豪華なラインナップがそろいました。さらに仕上げに花を添えるのは、ガラムマサラ。その複雑な香りで奥行きが生まれます。

SPECIAL どこまででもリッチに豪華に深みある味を

(材 料)

植物油 … 大さじ3
●ホールスパイス
　カルダモン … 4粒
　クローブ … 6粒
　シナモン … 1/2本
玉ねぎ(くし形切り)… 中1個(250g)
GGジュース(P.27参照)
　… 1/2カップ強
トマトピューレ … 大さじ3
●パウダースパイス
　ターメリック … 小さじ1
　クミン … 大さじ1
　コリアンダー … 大さじ1

塩 … 小さじ1と1/2
牛肉(ひと口大) … 300g
赤ワイン … 100ml
水 … 300ml
ブルーベリージャム … 大さじ1
ブラウンマッシュルーム
(半分に切る) … 12個(150g)
赤パプリカ(乱切り) …
1個(100g)
ガラムマサラ … 小さじ1

(つくり方)

◎炒める
鍋に油とホールスパイスを熱し、カルダモンがふくらむまで炒める。玉ねぎを加えてタヌキ色(濃いキツネ色)になるまで炒め、GGジュースを加えて水分を飛ばしながらヒグマ色(あめ色)になるまで炒める。トマトピューレを加えて炒める。パウダースパイスと塩、牛肉を加えて表面全体がきっちりこんがりするまで炒める。

◎煮る
赤ワインを注いで煮立て、水を注いで煮立てる。ジャムとマッシュルーム、パプリカを加えてふたをして弱火で30分ほど煮込む。ふたをあけてガラムマサラを混ぜ合わせる。

SPECIAL
ビーフカレー

(MEAT CURRY)

ラムカレー

			SIMPLE				SPECIAL						Aチーム			Bチーム			
メイン	玉ねぎ	GG	ターメリック	パプリカ	クミン	コリアンダー	ベース	水分	サブ1	サブ2	隠し味	隠し香り	クミン	マスタード	フェンネル	カルダモン	クローブ	シナモン	レッドチリ
ラム肉	くし形切り	すりおろし（ジュース）	○	○	○		トマトピューレ	生クリーム	かぶ	ビーツ	塩麹	タイム					○		

SIMPLE 　豊かな風味はスパイスからだけじゃない

(材 料)

植物油 … 大さじ3
玉ねぎ（くし形切り）… 大1個（300g）
GGジュース（P.27参照）… 1/2カップ強
●パウダースパイス
　パプリカ … 小さじ1
　クミン … 大さじ1
　コリアンダー … 大さじ1
塩 … 小さじ1と1/2
ラム肉（焼き肉用・小さめのひと口大）… 400g
水 … 250ml

(つくり方)

◎炒める
鍋に油を熱し、玉ねぎを加えてキツネ色になるまで炒める。GGジュースを加えて水分を飛ばす。パウダースパイスと塩を加えて炒め合わせ、ラム肉を加えて表面全体が色づくまで炒める。

◎煮る
水を注いで煮立て、ふたをして弱火で15分ほど煮る。

SIMPLE
ラムカレー

ラム肉を見つけたら、カレーにしてみましょう。クセのある風味とバランスを取るにはスパイスが一番。カルダモン、クローブ、シナモンという"肉に合うホールスパイス3点セット"を使いつつ、さらにコリアンダーパウダーとクミンパウダーの香りで重厚感を。野菜はかぶとビーツ。どちらも出汁のうま味がしっかり生まれるからラムにひけをとりません。生クリームで濃厚にし、タイムですっきり感を加えましょう。

SPECIAL ラム肉＋かぶ＋ビーツ＝初体験の味！？

（ 材 料 ）

植物油 … 大さじ3
●**ホールスパイス**
  カルダモン … 4粒
  クローブ … 6粒
  シナモン … 1/2本
玉ねぎ（くし形切り） … 大1個（300g）
GGジュース（P.27参照）
… 1/2カップ強
トマトピューレ … 大さじ3
●**パウダースパイス**
  パプリカ … 小さじ1
  クミン … 大さじ1
  コリアンダー … 大さじ1

塩 … 小さじ1と1/2
ラム肉（焼き肉用・大きめの
ひと口大） … 250g
水 … 200ml
かぶ（6等分） … 2個（150g）
ビーツ（ひと口大）
… 1個（150g）
塩麹 … 小さじ2
生クリーム … 100ml
タイム … 適量

（つくり方）

◎炒める

鍋に油とホールスパイスを熱し、カルダモンがふくらむまで炒める。玉ねぎを加えてキツネ色になるまで炒め、GGジュースを加えて水分を飛ばしながら、タヌキ色（濃いキツネ色）になるまで炒める。トマトピューレを加えて炒め合わせる。パウダースパイスと塩、ラム肉を加えて表面全体が色づくまで炒める。

◎煮る

水を注いで煮立て、かぶとビーツ、塩麹を加えてふたをして弱火で15分ほど煮る。ふたをあけて生クリームとタイムを加え、3分ほど煮る。

SPECIAL
ラムカレー

ミートボールカレー

メイン	玉ねぎ	GG	SIMPLE ターメリック	パプリカ	クミン	コリアンダー	ベース	水分	サブ1	サブ2	隠し味	隠し香り	Aチーム クミン	Bチーム フェンネル	マスタード	カルダモン	クローブ	シナモン	レッドチリ
豚挽き肉	くし形切り	すりおろし（ジュース）	○		○	○	なし	赤ワイン	キャベツ	ブロッコリー	はちみつ	パセリ	○						

SIMPLE　キーマとはまた別の味わいで挽き肉を堪能

（ 材 料 ）

植物油 … 大さじ3
玉ねぎ（くし形切り）… 大1個（300g）
GGジュース（P.27参照）… 1/2カップ強
● パウダースパイス
　ターメリック … 小さじ1
　クミン … 大さじ1
　コリアンダー … 大さじ1
塩 … 小さじ1と1/2
水 … 250ml
ミートボール用
　豚挽き肉 … 500g
　溶き卵 … 2個分

（ 下準備 ）

ミートボールの材料をボウルに入れてよくこね、適当なサイズにまるめておく。

（ つくり方 ）

◎炒める

鍋に油を熱し、玉ねぎを加えてキツネ色になるまで炒める。GGジュースを加えて水分を飛ばす。パウダースパイスと塩を加えて炒め合わせる。

◎煮る

水を注いで煮立て、ミートボールを加えてふたをして5分ほど煮る。ふたをあけて5分ほど煮る。

SIMPLE
ミートボール
カレー

自由自在
の
ヒント

挽き肉をカレーでおいしくいただく方法として、ミートボールはオススメです。小麦粉を使わず溶き卵だけでつなぐのがポイント。少し圧力のかかる煮込みでおいしさが抽出されるため、ふたを使います。野菜はカレーにあまり登場しないブロッコリーやキャベツ。パセリの香りも新鮮。それぞれ食材ごとに加熱時間が変わるため、時間差で鍋に加えて、その都度グツグツ。はちみつの甘みも大事な隠し味。

`SPECIAL` ふたをあけたとき、驚きと感動が広がる

(材 料)

植物油 … 大さじ3
●**ホールスパイス**
  クミンシード … 小さじ1/2
  フェンネルシード … 小さじ1/2
  マスタードシード … 小さじ1
玉ねぎ（くし形切り）… 中1個（250g）
GGジュース（P.27参照）
… 1/2カップ強
●**パウダースパイス**
  ターメリック … 小さじ1
  クミン … 大さじ1
  コリアンダー … 小さじ1

塩 … 小さじ1強（7g）
赤ワイン … 200ml
水 … 100ml
ミートボール用
  豚挽き肉 … 250g
  溶き卵 … 1個分
はちみつ … 大さじ1
キャベツ（乱切り）
… 1/8個（100g）
ブロッコリー（小房に分ける）
… 1/4個（100g）
パセリ（みじん切り） … 少々

(下準備)

ミートボールの材料をボウルに入れてよくこね、適当なサイズにまるめておく。

(つくり方)

◎炒める

鍋に油とホールスパイスを熱し、マスタードシードがはじけてくるまで炒める。玉ねぎを加えてこんがりキツネ色になるまで炒め、GGジュースを加えて水分を飛ばす。パウダースパイスと塩を加えてさっと炒める。

◎煮る

赤ワインと水を注いで煮立て、ミートボールとはちみつを加えてふたをして弱火で5分ほど煮て、キャベツを加えてふたをして5分ほど煮る。ブロッコリーとパセリを加えてふたをして5分ほど煮る。

SPECIAL
ミートボール
カレー

（SEAFOOD CURRY）

魚介のカレー

玉ねぎの炒め方
【 魚介のカレー編 】

玉ねぎは**スライス**し、
にんにくとしょうがはみじん切りにしてGGチョップにする。
にんにくとしょうがを玉ねぎよりも先に炒めて
香ばしさを引き立てておきます。
玉ねぎがつぶれて深く色づいた後も香味がしっかり残り、
魚介の風味とよく合います。

炒める前

切り方は
スライス

炒めた後

PROCESS

鍋に油を熱し、GGチョップを加えて中火で炒める。こんがりキツネ色になるまで。玉ねぎを加えてざっと全体を混ぜ合わせ、強めの中火にして炒める。ときどき鍋中をかき混ぜながら、玉ねぎがしんなりし始めたら少し忙しく木べらを動かして、全体がまとまってタヌキ色になるまで炒める。

51

SIMPLE
フィッシュカレー
（白身魚）

フィッシュカレー（白身魚）

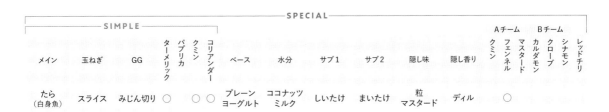

			───SIMPLE───				───────SPECIAL───────							Aチーム						Bチーム	
メイン	玉ねぎ	GG	ターメリック	パプリカ	クミン	コリアンダー	ベース	水分	サブ1	サブ2	隠し味	隠し香り	クミン	フェンネル	マスタード	カルダモン	クローブ	シナモン	クローブ	レッドチリ
たら（白身魚）	スライス	みじん切り	○		○	○	プレーンヨーグルト	ココナッツミルク	しいたけ	まいたけ	粒マスタード	ディル						○		

自由自在のヒント

白身魚にはシード（種）スパイスがよく合います。口の中で香りがはじけ、いいアクセント。コリアンダーパウダーもよく合います。甘くさわやかですべてを調和してくれる香り。香りをスパイスだけに任せてはおけません。粒マスタードもココナッツミルクもきのこ類もすべて風味豊か。ディルのフレッシュな香りも強烈。フィッシュカレーにはこのくらい香りを重ねてもOKといういい例です。

SIMPLE

白身魚はスパイスの香りをはっきりと引き立てる

（ 材料 ）

植物油 … 大さじ3
玉ねぎ（スライス） … 大1個（300g）
GGチョップ（P.51参照） … 大さじ1
●パウダースパイス
　ターメリック … 小さじ1
　クミン … 小さじ2
　コリアンダー … 小さじ2
塩 … 小さじ1と1/2
水 … 250ml
たら（ひと口大） … 大5切れ（600g）

（つくり方）

◎炒める

鍋に油を中火で熱し、玉ねぎとGGチョップを加えてキツネ色になるまで炒める。パウダースパイスと塩を加えて炒める。（プロセス❶）

◎煮る

水を注いで煮立て（プロセス❷）、たらを加えて煮立て（プロセス❸）、ふたをして弱火で5分ほど煮て、ふたをあけて5分ほど煮る。

PROCESS

SPECIAL

風味豊かな素材を重ねてスパイスもろとも味わう

（ 材 料 ）

植物油 … 大さじ3

●ホールスパイス

| クミンシード … 小さじ1/2
| フェンネルシード … 小さじ1/2
| マスタードシード … 小さじ1

玉ねぎ（スライス）… 大1個（300g）

GGチョップ（P.51参照）… 大さじ1

●パウダースパイス

| ターメリック … 小さじ1
| クミン … 小さじ2
| コリアンダー … 小さじ2

塩 … 小さじ1と1/2

粒マスタード … 大さじ1

プレーンヨーグルト … 100g

水 … 200ml

しいたけ（厚めのスライス）… 50g

まいたけ（小房に分ける）… 100g

ココナッツミルク … 100ml

たら（ひと口大）… 大3切れ（400g）

ディル（ざく切り）… 大さじ3

（つくり方）

◎炒める

鍋に油とホールスパイスを熱し、マスタードシードがはじけてくるまで炒める。（プロセス❶）玉ねぎとGGチョップを加えて（プロセス❷）キツネ色になるまで炒める。パウダースパイスと塩、粒マスタードを加えて炒める。（プロセス❸）

◎煮る

ヨーグルトを混ぜ合わせ（プロセス❹）、水を注いで煮立てる。しいたけとまいたけを加えてふたをして弱火で5分ほど煮る。ふたをあけてココナッツミルクとたらを加えて火が通るまで煮る。ディルを混ぜ合わせる。

PROCESS

SIMPLE
エビカレー

56

エビカレー

	SIMPLE						SPECIAL						Aチーム				Bチーム		
メイン	玉ねぎ	GG	ターメリック	パプリカ	クミン	コリアンダー	ベース	水分	サブ1	サブ2	隠し味	隠し香り	クミン	フェンネル	マスタード	カルダモン	クローブ	シナモン	レッドチリ
エビ	スライス	みじん切り	○		○	○	なし	ココナッツミルク	レッドキドニー	たけのこ	ナンプラー	バジルペースト	○						

自由自在のヒント

玉ねぎとスパイスを油で炒めて風味の要にする点は、インド料理の手法を踏襲。ココナッツミルクやバジルペースト、ナンプラーで風味を重ねていくのはタイ料理の手法を踏襲。これに近いカレーをインドネシアで習ったことがあります。そんな国籍不明のカレーをしっかりと受け止めてくれるのはエビのうま味です。たけのことキドニー豆という、一見、関連のなさそうな素材も味や食感が楽しめます。

SIMPLE

強烈な出汁のうま味がにじみ出る。エビ万歳

(材料)

植物油 … 大さじ3
玉ねぎ (スライス) … 大1個 (300g)
GGチョップ (P.51参照) … 大さじ1
● パウダースパイス
　ターメリック … 小さじ1
　クミン … 小さじ2
　コリアンダー … 大さじ1
塩 … 小さじ1と1/2
水 … 250ml
エビ (ブラックタイガー) … 大12尾 (500g)

(つくり方)

◎炒める
鍋に油を中火で熱し、玉ねぎとGGチョップを加えてキツネ色になるまで炒める。パウダースパイスと塩を加えて炒める。(プロセス❶)

◎煮る
水を注いで煮立て(プロセス❷)、エビを加えてふたをして弱火で5分ほど煮る。(プロセス❸)

PROCESS

SPECIAL
エビカレー

58

タイ料理とインド料理のエッセンス共演

（ 材 料 ）

植物油 … 大さじ3
●**ホールスパイス**
　クミンシード … 小さじ1/2
　フェンネルシード … 小さじ1/2
　マスタードシード … 小さじ1
玉ねぎ（スライス）… 大1個（300ｇ）
GGチョップ（P.51参照）… 大さじ1
●**パウダースパイス**
　ターメリック … 小さじ1
　クミン … 小さじ1
　コリアンダー … 小さじ2
塩 … 小さじ1
水 … 100ml
ココナッツミルク … 200ml
ナンプラー … 大さじ1
たけのこ（水煮・ひと口大）… 150ｇ
レッドキドニー（水煮）… 100ｇ
エビ（ブラックタイガー）… 大8尾（300ｇ）
バジルペースト … 大さじ2

（つくり方）

◎**炒める**
鍋に油とホールスパイスを熱し、マスタードシードがはじけてくるまで炒める。玉ねぎとGGチョップを加えてこんがりキツネ色になるまで炒める。（プロセス❶）パウダースパイスと塩を加えて炒める。

◎**煮る**
水を注いで煮立て、ココナッツミルクとナンプラー、たけのこ、レッドキドニーを加えて3分ほど煮る。（プロセス❷❸）エビとバジルペーストを加えて3分ほど煮る。（プロセス❹）

PROCESS

フィッシュカレー（青魚）

			SIMPLE				SPECIAL						A チーム		B チーム				
メイン	玉ねぎ	GG	ターメリック	パプリカ	クミン	コリアンダー	ベース	水分	サブ1	サブ2	隠し味	隠し香り	クミン	フェンネル	マスタード	カルダモン	シナモン クローブ		レッドチリ
あじ (青魚)	スライス	みじん切り	○	○		○	トマト ピューレ	水	れんこん	ごぼう	梅酒	カレー リーフ	○						○

SIMPLE 　大胆にぶつ切りしたあじの風味があふれ出る

（ 材 料 ）

植物油 … 大さじ3
玉ねぎ（スライス） … 大1個（300g）
GGチョップ（P.51参照） … 大さじ1
● パウダースパイス
　ターメリック … 小さじ1
　パプリカ … 小さじ1
　コリアンダー … 大さじ1
塩 … 小さじ1と1/2
水 … 250ml
あじ（ワタを取ってぶつ切り） … 大5尾（400g）

（つくり方）

◎炒める

鍋に油を中火で熱し、玉ねぎとGGチョップを加えてキツネ色になるまで炒める。パウダースパイスと塩を加えて炒める。

◎煮る

水を注いで煮立て、あじを加えてふたをして弱火で5分ほど煮て、ふたをあけて3分ほど煮る。

SIMPLE
フィッシュカレー
（青魚）

青魚は白身魚に比べて風味の強い食材です。そのため、スパイスもその他の食材も風味豊かなものを合わせることで全体のバランスを取ります。スパイスではクミンやフェンネルの刺激的な香りは魚にピッタリ。トマトベースのフィッシュカレーには仕上げのカレーリーフもよく合います。野菜は、根菜類を中心に。特にごぼうはとても風味豊かな素材で、スパイスと肩を並べるほどの強い印象を残します。他の青魚でもOK。

SPECIAL 甘み・辛味・酸味・風味がぶつかり合うカレー

（ 材 料 ）

植物油 … 大さじ3
●ホールスパイス
　クミンシード … 小さじ1/2
　フェンネルシード … 小さじ1/2
　マスタードシード … 小さじ1
　レッドチリ … 3本
玉ねぎ（スライス） … 大1個（300g）
GGチョップ（P.51参照） … 大さじ1
●パウダースパイス
　ターメリック … 小さじ1
　パプリカ … 小さじ2
　コリアンダー … 大さじ1強

塩 … 小さじ1と1/2
トマトピューレ … 大さじ3
梅酒 … 100ml
水 … 250ml
れんこん（縦割り） … 100g
ごぼう（たたいて2センチ幅）
… 100g
あじ（ワタを取ってぶつ切り）
… 大3尾（250g）
カレーリーフ … 20枚

（つくり方）

◎炒める
鍋に油とホールスパイスを熱し、マスタードシードがはじけてくるまで炒める。玉ねぎとGGチョップを加えてこんがりキツネ色になるまで炒める。パウダースパイスと塩を加えて炒め、トマトピューレを加えて混ぜ合わせる。

◎煮る
梅酒を加えて煮立て、水を注いで煮立て、れんこんとごぼうを加えてふたをして5分ほど煮る。ふたをあけてあじとカレーリーフを加えて5分ほど煮る。

SPECIAL
フィッシュカレー
（青魚）

あさりカレー

	SIMPLE						SPECIAL						Aチーム	Bチーム					
メイン	玉ねぎ	GG	ターメリック	パプリカ	クミン	コリアンダー	ベース	水分	サブ1	サブ2	隠し味	隠し香り	クミン	フェンネル	マスタード	カルダモン	クローブ	シナモン	レッドチリ
あさり	スライス	みじん切り	○	○	○	○	カシューナッツ	白ワイン	カリフラワー	オリーブ	生クリーム	カレーリーフ		○					

SIMPLE 新鮮な味わいと香りの初体験カレー

（ 材 料 ）

植物油 … 大さじ3
玉ねぎ（スライス）… 大1個（300g）
GGチョップ（P.51参照）… 大さじ1
● パウダースパイス
　｜ パプリカ … 小さじ1
　｜ クミン … 小さじ2
　｜ コリアンダー … 大さじ1
塩 … 小さじ1と1/2
水 … 250ml
あさり（塩抜きする）… 2カップ（700g）

（つくり方）

◎炒める
鍋に油を中火で熱し、玉ねぎとGGチョップを加えてキツネ色になるまで炒める。パウダースパイスと塩を加えて炒める。

◎煮る
水を注いで煮立て、あさりを加えて火が通るまで煮る。

SIMPLE
あさりカレー

自由自在のヒント あさりに白ワインの風味、生クリームのコク、オリーブの味わいを重ねていくとイタリアや南仏、地中海料理のエッセンス。ところが、スパイスにカシューナッツ、カレーリーフと並ぶとインドのエッセンス。双方が個性を発揮してひとつの鍋におさまるのは、あさりの出汁のうま味のおかげです。カリフラワーは全体の風味を邪魔しない野菜として採用。だからじゃがいもや大根などに切り替えてもおいしく作れます。

SPECIAL　出汁の風味をよりグレードアップさせる

（ 材 料 ）

植物油 … 大さじ3
●ホールスパイス
　クミンシード … 小さじ1/2
　フェンネルシード … 小さじ1/2
　マスタードシード … 小さじ1
玉ねぎ（スライス）… 大1個（300g）
GGチョップ（P.51参照）… 大さじ1
●パウダースパイス
　ターメリック … 小さじ1
　クミン … 小さじ2
　コリアンダー … 大さじ1
塩 … 小さじ1と1/2
カシューナッツペースト（P.18参照）
… 大さじ2

白ワイン … 100ml
水 … 200ml
あさり（塩抜きする）
… 1カップ弱（200g）
カリフラワー（小房に分ける）
… 1/5個（200g）
オリーブ … 50g
生クリーム … 100ml
カレーリーフ … 20枚

（つくり方）

◎炒める
鍋に油とホールスパイスを熱し、マスタードシードがはじけてくるまで炒める。玉ねぎとGGチョップを加えてキツネ色になるまで炒める。パウダースパイスと塩を加えて炒める。カシューナッツペーストを加えて炒め合わせる。

◎煮る
白ワインを加えて煮立て、水を注いで煮立てたら、あさりとカリフラワー、オリーブを加えてふたをして弱火で10分ほど煮る。ふたをあけて生クリームとカレーリーフを加えて弱火で3分ほど煮る。

SPECIAL
あさりカレー

シーフードカレー

													Aチーム			Bチーム			
メイン	玉ねぎ	GG	ターメリック	パプリカ	クミン	コリアンダー	ベース	水分	サブ1	サブ2	隠し味	隠し香り	クミン	マスタードフェンネル	クローブカルダモン	シナモン	クローブ	レッドチリ	
シーフードミックス	スライス	みじん切り		○	○	○	カシューナッツ	ココナッツミルク	ほうれん草	エリンギ	ナンプラー	タイム					○	○	

SIMPLE / *SPECIAL*

SIMPLE　海の幸をスパイスの香りで存分に味わう

（ 材 料 ）

植物油 … 大さじ3
玉ねぎ（スライス）… 大1個（300g）
GGチョップ（P.51参照）… 大さじ1
シーフードミックス … 500g
●パウダースパイス
　パプリカ … 小さじ1/2
　クミン … 小さじ2
　コリアンダー … 大さじ1強
塩 … 小さじ1と1/2
水 … 250ml

（つくり方）

◎炒める

鍋に油を中火で熱し、玉ねぎとGGチョップを加えてキツネ色になるまで炒める。シーフードミックスを加えて水分が飛ぶまできっちり炒める。パウダースパイスと塩を加えて炒める。

◎煮る

水を注いで煮立て、中火で5分ほどグツグツ煮る。

SIMPLE
シーフードカレー

ほうれん草ピューレ独特の甘みと色味がこのカレーを別ものへといざないます。インドの青菜のカレーなら生クリームや砂糖を合わせるところですが、ちょっと裏切ってココナッツミルクとナンプラーを選択することでタイカレーの方向へ。カシューナッツペーストのコクを増量することでバランスを整えています。食感がイカに似ているエリンギを使うことで、歯ごたえも楽しめるカレーに仕上げました。

SPECIAL ほうれん草が味わいも装いも変身させる

（ 材料 ）

植物油 … 大さじ3

● ホールスパイス
| カルダモン … 4粒
| クローブ … 4粒
| シナモン … 1/2本
| レッドチリ … 2本
玉ねぎ（スライス）… 小1個（200g）
GGチョップ（P.51参照）… 大さじ1
シーフードミックス … 250g
エリンギ（ひと口大）
… 1パック（150g）
カシューナッツペースト（P.18参照）
… 大さじ1

● パウダースパイス
| パプリカ … 小さじ1/2
| クミン … 小さじ2
| コリアンダー … 大さじ1強
塩 … 小さじ1強（7g）
ココナッツミルク … 100ml
ほうれん草 … 8～9株（170g）
ナンプラー … 小さじ2
タイム … 適量

（ 下準備 ）

ほうれん草はざく切りにし、さっと湯がいて200mlの水と一緒にミキサーでピューレにしておく。

（つくり方）

◎ 炒める
鍋に油を中火で熱し、ホールスパイスを加えてカルダモンがふくらんでくるまで炒める。玉ねぎとGGチョップを加えてヒグマ色（あめ色）になるまで炒める。シーフードミックスとエリンギを加えて炒める。カシューナッツペーストとパウダースパイス、塩を加えて炒める。

◎ 煮る
ココナッツミルクを加えて2～3分ほど煮て、ほうれん草ピューレとナンプラー、タイムを加えて煮立て、2～3分ほど煮る。

SPECIAL
シーフード
カレー

サバ缶カレー

メイン	玉ねぎ	GG	ターメリック	パプリカ	クミン	コリアンダー	ベース	水分	サブ1	サブ2	隠し味	隠し香り	Aチーム			Bチーム			レッドチリ
													クミン	フェンネル	マスタード	カルダモン	クローブ	シナモン	
サバ缶	スライス	みじん切り	○	○	○		トマトピューレ	水	レタス	ドライトマト	白ごま	しょうが				○			

SIMPLE　あっという間にできる、噂のサバカレー

（ 材 料 ）

植物油 … 大さじ3
玉ねぎ（スライス）… 大1個（300g）
GGチョップ（P.51参照）… 大さじ1
● パウダースパイス
　パプリカ … 小さじ1
　クミン … 小さじ2
　コリアンダー … 大さじ1
塩 … 小さじ1
水 … 250ml
サバ缶（水煮）… 500g

（ つくり方 ）

◎炒める

鍋に油を中火で熱し、玉ねぎとGGチョップを加えてキツネ色になるまで炒める。パウダースパイスと塩を加えて炒める。

◎煮る

水を注いで煮立て、ふたをして弱火で2〜3分ほど煮る。サバ缶を汁ごと加えて煮立て、ふたをせずに弱めの中火で5分ほど煮る。

SIMPLE
サバ缶カレー

サバの水煮は、魚の磯臭さが抜けておいしいところが残されている魅力的なアイテム。レタスやドライトマトなど、カレーにあまり使わない素材ともよく合います。ベースにもトマトを使うからうま味がしっかり。サバ缶は加熱時間が短くてもいいし、じっくり煮込んでも香りが壊れにくいのが利点です。ふたをして5分煮ると鍋中に適度な圧力がかかり、全体がよくなじみます。仕上げはしょうがですっきり。

SPECIAL サバとスパイスでレタスもおいしくなる

(材 料)

植物油 … 大さじ3
●**ホールスパイス**
　カルダモン … 4粒
　クローブ … 4粒
　シナモン … 1/2本
玉ねぎ（スライス） … 大1個（300g）
GGチョップ（P.51参照） … 大さじ1
トマトピューレ … 大さじ2
●**パウダースパイス**
　パプリカ … 小さじ1
　クミン … 小さじ2
　コリアンダー … 大さじ1

塩 … 小さじ1強（7g）
白すりごま … 大さじ1
水 … 250ml
サバ缶（水煮） … 250g
レタス（ちぎる） … 50g
ドライトマト（細かく切る）
… 50g
しょうが（千切り） … 適量

(つくり方)

◎**炒める**
鍋に油を中火で熱し、ホールスパイスを加えてカルダモンがふくらんでくるまで炒める。玉ねぎとGGチョップを加えてヒグマ色（あめ色）になるまで炒める。トマトピューレを加えて炒め、パウダースパイスと塩、白すりごまを加えて炒める。

◎**煮る**
水を注いで煮立て、サバ缶とレタス、ドライトマトを加えてふたをして弱火で5分ほど煮る。ふたをあけてしょうがを加えて混ぜ合わせる。

SPECIAL
サバ缶カレー

サーモンカレー

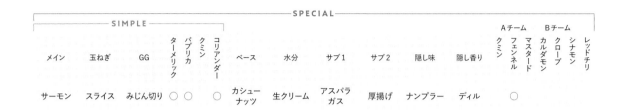

			SIMPLE				SPECIAL						Aチーム			Bチーム			
メイン	玉ねぎ	GG	ターメリック	パプリカ	クミン	コリアンダー	ベース	水分	サブ1	サブ2	隠し味	隠し香り	クミン	フェンネル	マスタード	カルダモン	クローブ	シナモン	レッドチリ
サーモン	スライス	みじん切り	○	○		○	カシューナッツ	生クリーム	アスパラガス	厚揚げ	ナンプラー	ディル	○						

SIMPLE 焼き鮭の香ばしさがカレーをワンランクアップ

(材 料)

植物油 … 大さじ3
GGチョップ（P.51参照）… 1/2カップ強
玉ねぎ（スライス）… 大1個（300g）
● パウダースパイス
　ターメリック … 小さじ1
　パプリカ … 小さじ2
　コリアンダー … 大さじ1
塩 … 小さじ1と1/2
水 … 100ml
サーモン（焼いておく）… 6切れ（600g）

(つくり方)

◎炒める

鍋に油を熱し、GGチョップを加えてさっと炒め、玉ねぎを加えてキツネ色になるまで炒める。パウダースパイスと塩を加えて炒め合わせる。

◎煮る

水を注いで煮立て、サーモンを加えてふたをして弱火で5分ほど煮る。ふたをあけて強火にして水分を飛ばす。

SIMPLE
サーモン
カレー

サーモンにはフェンネル、サーモンにはコリアンダー、サーモンにはディル。ホールスパイスもパウダースパイスもフレッシュスパイス（ハーブ）も、とにかくサーモンをおいしく味わう組み合わせを揃えました。隠し味はナンプラー。お供となる具に選んだアスパラガスは割と合うイメージがありますが、厚揚げは意外かもしれません。これがよく合います。加熱して少しホロリとする食感も新鮮です。

SPECIAL　鮭の風味にスパイスとハーブが炸裂するカレー

（ 材料 ）

植物油 … 大さじ3
●ホールスパイス
　クミンシード … 小さじ1
　マスタードシード … 小さじ1/2
　フェンネルシード … 小さじ1/4
GGチョップ（P.51参照）
… 1/2カップ強
玉ねぎ（スライス）… 大1個（300g）
カシューナッツペースト（P.18参照）
… 大さじ2
●パウダースパイス
　ターメリック … 小さじ1
　パプリカ … 小さじ2
　コリアンダー … 大さじ1

塩 … 小さじ1
水 … 150ml
ナンプラー … 大さじ1
サーモン（焼いておく）
… 5切れ（500g）
アスパラガス（3センチ幅）
… 150g
厚揚げ
（食べやすいサイズに切る）
… 1枚（100g）
生クリーム … 100ml
ディル（ざく切り）… 適量

（つくり方）

◎炒める

鍋に油を熱し、ホールスパイスを加えてマスタードシードがはじけてくるまで炒める。GGチョップ、玉ねぎを加えてキツネ色になるまで炒める。カシューナッツペーストを加えて炒める。パウダースパイスと塩を加えて炒め合わせる。

◎煮る

水とナンプラーを注いで煮立て、サーモンとアスパラガス、厚揚げを加えてふたをして弱火で5分ほど煮る。ふたをあけて生クリームとディルを混ぜ合わせ、ひと煮立ちさせる。

SPECIAL サーモンカレー

野菜・その他のカレー

玉ねぎの炒め方
【 野菜・その他のカレー編 】

玉ねぎは**みじん切り**にし、
にんにくとしょうがはすりおろして水を加えGGジュースにする。
玉ねぎもにんにくもしょうがもすべてできるだけ潰して色づけて
うま味や風味を凝縮させます。野菜は優しい味わいの食材が多いため、
ここでバランスを取りましょう。

● **GGジュース**（1/2カップ強）
にんにく（すりおろし）… 1片（6g）
しょうが（すりおろし）… 1片（9g）
水 … 100ml

炒める前

切り方は
みじん切り

炒めた後

PROCESS

鍋に油を熱し、玉ねぎを
入れて強めの中火で炒め
始める。こんがりキツネ
色になるまで。GGジュー
スを加えて全体を混ぜ合
わせると、ジュワジュワと
音を立てて水分が蒸発し
始める。こんがりした玉
ねぎの形がつぶれ、水分
がきっちりと飛んだ後は、
かなり深く色づいている。
量がかなり減り、濃縮さ
れた味わいに。

SIMPLE
じゃがいも
カレー

じゃがいもカレー

	SIMPLE						SPECIAL						Aチーム						Bチーム				
メイン	玉ねぎ	GG	ターメリック	パプリカ	クミン	コリアンダー	ベース	水分	サブ1	サブ2	隠し味	隠し香り	クミン	フェンネル	マスタード	カルダモン	クローブ	シナモン	クミン	クローブ	カルダモン	シナモン	レッドチリ
じゃがいも	みじん切り	すりおろし（ジュース）	○		○	○	カシューナッツ	水	うずらの卵	しめじ	だし粉	ブラックペッパー											○

自由自在のヒント

じゃがいもはいつの時代もカレーの具の王様。でんぷん質のとろみが懐かしい味わいを生みます。だから、スパイスの香りもどことなく懐かしいミックスに。「ターメリック＋クミン＋コリアンダー」の組み合わせはノスタルジック。さらに隠し味にだし粉を忍ばせることで、日本人の味覚に寄り添った味わいが加わります。しめじ以外にもきのこ類全般オススメ。仕上げにペッパーのピリピリ感で全体を引き締めます。

SIMPLE

これは王道。ごはんも要らない食べ応え

（ 材料 ）

植物油 … 大さじ3
玉ねぎ（みじん切り） … 大1個（300g）
GGジュース（P.71参照） … 1/2カップ強
●パウダースパイス
　ターメリック … 小さじ1
　クミン … 大さじ1
　コリアンダー … 小さじ2
塩 … 小さじ1と1/2
じゃがいも（大きめのひと口大） … 大5個（500g）
水 … 200ml

（つくり方）

◎炒める

鍋に油を熱し、玉ねぎを加えてキツネ色になるまで炒める。GGジュースを加えて水分を飛ばす。パウダースパイスと塩を加えて炒め合わせる。（プロセス❶）じゃがいもを加えて絡め合わせる。（プロセス❷）

◎煮る

水を注いで煮立て、ふたをして弱火で20分ほど煮る。（プロセス❸）ふたをあけてじゃがいもを崩しながら混ぜ合わせる。

PROCESS

SPECIAL

ホクホク、ピリピリ、どことなく懐かしい

(材料)

植物油 … 大さじ3
●**ホールスパイス**
　カルダモン … 3粒
　クローブ … 4粒
　シナモン … 1/2本
玉ねぎ（みじん切り）… 小1個（200g）
GGジュース（P.71参照）… 1/2カップ強
カシューナッツペースト（P.18参照）… 大さじ2
●**パウダースパイス**
　ターメリック … 小さじ1
　クミン … 大さじ1
　コリアンダー … 小さじ2
塩 … 小さじ1と1/2
水 … 250ml
だし粉 … 小さじ1
じゃがいも（小さめのひと口大）… 大2個（300g）
ゆで卵（うずらの卵）… 12個（100g）
しめじ（細かく切る）… 1株（100g）
ブラックペッパー（粗挽き）… 小さじ1強

（つくり方）

◎**炒める**
鍋に油とホールスパイスを熱し、カルダモンがふくらむまで炒める。玉ねぎを加えてタヌキ色（濃いキツネ色）になるまで炒める。GGジュースを加えて水分を飛ばしながら、ヒグマ色（あめ色）になるまで炒める。（プロセス❶）カシューナッツペーストを加えて混ぜ合わせ（プロセス❷）、パウダースパイスと塩を加えて炒め合わせる。

◎**煮る**
水を注いで煮立て（プロセス❸）、だし粉とじゃがいも、ゆで卵、しめじを加えてふたをして弱火で20分ほど煮る。（プロセス❹）ふたをあけてブラックペッパーを混ぜ合わせる。

PROCESS

卵のカレー

			SIMPLE				SPECIAL						Aチーム			Bチーム			
メイン	玉ねぎ	GG	ターメリック	パプリカ	クミン	コリアンダー	ベース	水分	サブ1	サブ2	隠し味	隠し香り	クミン	フェンネル	マスタード	カルダモン	クローブ	シナモン	レッドチリ
ゆで卵	みじん切り	すりおろし (ジュース)	○	○	○		トマトピューレ	白ワイン	ゴーヤ	枝豆	三温糖	しょうが	○						○

自由自在のヒント

ゆで卵の表面をしっかり炒めてこんがりと色づかせるのがポイントです。つるっとした表面がザラザラになります。それによってカレーソースがよく絡み合う。卵をつぶしながら食べるのもオススメ。隠し味に甘みを加えて全体的に少し単調になりがちなため、ゴーヤを加えることで苦味や風味を加えてカレーの味に物語性を。こういうときはしょうがで仕上げると味わいが全体的に引き締まります。

SIMPLE

見た目がゴージャス、味も豪華なカレー

(材料)

植物油 … 大さじ3
玉ねぎ（みじん切り）… 大1個（300g）
GGジュース（P.71参照）… 1/2カップ強
● パウダースパイス
　ターメリック … 小さじ1
　パプリカ … 小さじ1
　クミン … 大さじ1
塩 … 小さじ1と1/2
水 … 250ml
ゆで卵（表面をこんがり炒める・プロセス❶）… 8個

(つくり方)

◎ 炒める
鍋に油を熱し、玉ねぎを加えてタヌキ色（濃いキツネ色）になるまで炒める。GGジュースを加えて水分を飛ばす。パウダースパイスと塩を加えて炒め合わせる。（プロセス❷）

◎ 煮る
水を注いで煮立て、ゆで卵を加えてふたをし、弱火で10分ほど煮る。（プロセス❸）ふたをあけて卵をつぶしながら混ぜ合わせる。

PROCESS

甘みと苦味と香りがそろい踏みのカレー

（ 材 料 ）

植物油 … 大さじ3
●ホールスパイス
　クミンシード … 小さじ1
　フェンネルシード … 小さじ1/2
　マスタードシード … 小さじ1/2
　レッドチリ … 2本
玉ねぎ（みじん切り） … 大1個（300g）
GGジュース（P.71参照） … 1/2カップ強
●パウダースパイス
　ターメリック … 小さじ1
　パプリカ … 小さじ1
　クミン … 大さじ1
塩 … 小さじ1と1/2
トマトピューレ … 大さじ3
白ワイン … 100ml
水 … 200ml
三温糖 … 小さじ2
ゆで卵（表面をこんがり炒める） … 4個
ゴーヤ（ワタを取ってスライス） … 1/4本（150g）
枝豆 … 150g
しょうが（千切り） … 適量

PROCESS

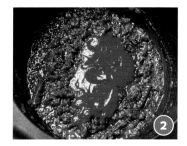

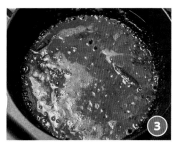

（つくり方）

◎炒める

鍋に油とホールスパイスを熱し、マスタードシードがはじけてくるまで炒める。玉ねぎを加えてキツネ色になるまで炒める。GGジュースを加えて水分を飛ばす。パウダースパイスと塩を加えて炒め合わせる。（プロセス❶）トマトピューレを加えて炒める。（プロセス❷）

◎煮る

白ワインを加えて煮立て（プロセス❸）、水を注いで煮立てる。三温糖とゆで卵、ゴーヤ、枝豆を加えてふたをあけたまま、弱火で10分ほど煮る。しょうがを加えてさっと混ぜ合わせる。（プロセス❹）

オクラのカレー

	SIMPLE						SPECIAL						Aチーム			Bチーム			
メイン	玉ねぎ	GG	ターメリック	パプリカ	クミン	コリアンダー	ベース	水分	サブ1	サブ2	隠し味	隠し香り	クミン	フェンネル	マスタード	クローブ	シナモン	カルダモン	レッドチリ
オクラ	みじん切り	すりおろし（ジュース）	○	○	○		トマトピューレ	生クリーム	ひよこ豆	コーン	スイートチリソース	青ねぎ	○						○

SIMPLE どっさりのオクラを王道のスパイスミックスで

（ 材 料 ）

植物油 … 大さじ3
玉ねぎ（みじん切り）… 小2個（400g）
GGジュース（P.71参照）… 1/2カップ強
● **パウダースパイス**
　ターメリック … 小さじ1
　パプリカ … 小さじ2
　クミン … 大さじ1
塩 … 小さじ1と1/2
水 … 150ml
オクラ（2センチ幅）… 40本（350g）

（つくり方）

◎炒める

鍋に油を熱し、玉ねぎを加えてキツネ色になるまで炒める。GGジュースを加えて水分を飛ばす。パウダースパイスと塩を加えて炒め合わせる。

◎煮る

水を注いで煮立て、オクラを加えてふたをして5分ほど煮る。ふたをあけて強火で煮詰める。

SIMPLE
オクラの
カレー

オクラの緑に別の色を合わせていきましょう。トマトピューレの赤はベースのうま味。パプリカの香ばしい香りを多めに加えてソースに赤みを。レッドチリの辛味もアクセント。コーンとひよこ豆の黄色は甘みと風味を楽しむ素材。ほっこりした食感も楽しめる。ターメリックの黄色は土台となる香り。生クリームの白が入るとカレー全体のコクがぐっと深まり、食べ応えが出る。仕上げにはオクラと同じ緑色の青ねぎを。

SPECIAL　色どりと濃厚な味わいと豊かな香りと……

（ 材 料 ）

植物油 … 大さじ3
●ホールスパイス
　クミンシード … 小さじ1
　フェンネルシード … 小さじ1/2
　マスタードシード … 小さじ1/2
　レッドチリ … 2本
玉ねぎ（みじん切り） … 大1個（300g）
GGジュース（P.71参照） … 1/2カップ強
トマトピューレ … 大さじ3
●パウダースパイス
　ターメリック … 小さじ1
　パプリカ … 小さじ2
　クミン … 大さじ1

塩 … 小さじ1強（7g）
水 … 100ml
オクラ（2センチ幅）
　… 15本（100g）
ひよこ豆（水煮） … 200g
コーン（水煮） … 120g
スイートチリソース … 大さじ1
生クリーム … 100ml
青ねぎ（小口切り） … 10本

（つくり方）

◎炒める
鍋に油とホールスパイスを熱し、マスタードシードがはじけてくるまで炒める。玉ねぎを加えてキツネ色になるまで炒める。GGジュースを加えて水分を飛ばす。トマトピューレを加えて炒め、パウダースパイスと塩を加えて炒め合わせる。

◎煮る
水を注いで煮立て、オクラとひよこ豆、コーン、スイートチリソースを加えてふたをして3分ほど煮る。ふたをあけて生クリームと青ねぎを加えてふたをして弱火で3分ほど煮る。

SPECIAL
オクラの
カレー

ほうれん草カレー

			SIMPLE				SPECIAL						Aチーム				Bチーム		
メイン	玉ねぎ	GG	ターメリック	パプリカ	クミン	コリアンダー	ベース	水分	サブ1	サブ2	隠し味	隠し香り	クミン	フェンネル	マスタード	クローブ	シナモン カルダモン		レッドチリ
ほうれん草	みじん切り	すりおろし（ジュース）		○	○	○	カシューナッツ	生クリーム	ミニトマト	カッテージチーズ	黒糖	カスリメティ	○							○

SIMPLE　ほうれん草をムシャムシャほおばるカレー

（ 材 料 ）

植物油 … 大さじ3
玉ねぎ（みじん切り）… 2個（500g）
GGジュース（P.71参照）… 1/2カップ強
●**パウダースパイス**
　パプリカ … 小さじ1
　クミン … 大さじ1
　コリアンダー … 小さじ2
塩 … 小さじ1と1/2
水 … 150ml
ほうれん草（さっと湯がいてざく切り）… 24株（500g）

（つくり方）

◎炒める

鍋に油を熱し、玉ねぎを加えてキツネ色になるまで炒める。GGジュースを加えて水分を飛ばす。パウダースパイスと塩を加えて炒め合わせる。

◎煮る

水を注いで煮立て、ほうれん草を加えてふたをして弱火で5分ほど煮る。

SIMPLE
ほうれん草
カレー

北インド・パンジャーブ地方で愛されているサーグという料理をベースにアイテムをラインナップ。大事なのは、クミンの刺激的な香り、生クリームの乳脂肪分のうま味、砂糖（黒糖）のコク、そして、カスリメティ（乾燥したフェヌグリークの葉）の香ばしい香り。文句ない組み合わせですが、さらにカシューナッツペーストとチーズでうま味を増強。全体のバランスを取るためにフレッシュなトマトの酸味を。

SPECIAL パンにも合うコックリとした濃厚なカレー

（ 材 料 ）

植物油 … 大さじ3
●ホールスパイス
　クミンシード … 小さじ1
　フェンネルシード … 小さじ1/2
　マスタードシード … 小さじ1/2
　レッドチリ … 2本
玉ねぎ（みじん切り）
… 小1個（200g）
GGジュース（P.71参照）…
1/2カップ強
カシューナッツペースト（P.18参照）
… 大さじ2
●パウダースパイス
　パプリカ … 小さじ1
　クミン … 大さじ1
　コリアンダー … 小さじ2

塩 … 小さじ1と1/2
水 … 100ml
黒糖 … 小さじ2
ほうれん草 … 12株（250g）
ミニトマト（半分に切る）… 20個
生クリーム … 50ml
カスリメティ … 1/2カップ弱
カッテージチーズ … 150g

（つくり方）

◎炒める

鍋に油とホールスパイスを熱し、マスタードシードがはじけてくるまで炒める。玉ねぎを加えてキツネ色になるまで炒める。GGジュースを加えて水分を飛ばす。カシューナッツペーストを加えて炒め、パウダースパイスと塩を加えて炒め合わせる。

◎煮る

水を注いで煮立て、黒糖とほうれん草ピューレ、ミニトマトを加えてふたをして弱火で3分ほど煮る。ふたをあけて生クリームとカスリメティを加えてさっと煮る。チーズを混ぜ合わせる。

（ 下準備 ）

ほうれん草はざく切りにし、さっと湯がいて200mlの水と一緒にミキサーでピューレにしておく。

SPECIAL
ほうれん草
カレー

カリフラワーカレー

| | SIMPLE | | | | | | SPECIAL | | | | | | Aチーム | | | Bチーム | | | |
メイン	玉ねぎ	GG	ターメリック	パプリカ	クミン	コリアンダー	ベース	水分	サブ1	サブ2	隠し味	隠し香り	クミン	フェンネル	マスタード	カルダモン	クローブ	シナモン	レッドチリ
カリフラワー	みじん切り	すりおろし（ジュース）	○	○		○	トマトピューレ	ココナッツミルク	じゃがいも	キムチ	塩麹	ガラムマサラ	○						

SIMPLE ホロホロと口の中で味と香りがほどける

（ 材 料 ）

植物油 … 大さじ3
玉ねぎ（みじん切り）… 大1個（300g）
GGジュース（P.71参照）… 1/2カップ強
● パウダースパイス
ターメリック … 小さじ1
パプリカ … 小さじ1
コリアンダー　大さじ1
塩 … 小さじ1と1/2
水 … 150ml
カリフラワー（細かく切る）… 1個（500g）

（つくり方）

◎炒める

鍋に油を熱し、玉ねぎを加えてキツネ色になるまで炒める。GGジュースを加えて水分を飛ばす。パウダースパイスと塩を加えて炒め合わせる。

◎煮る

水を注いで煮立て、カリフラワーを加えてざっと混ぜ合わせ、ふたをして弱火で20分ほど煮る。

SIMPLE
カリフラワー
カレー

自由自在 の ヒント

インドでメジャーなアルーゴビ（じゃがいもとカリフラワーの料理）があるように、この組み合わせはバッチリ。そこにココナッツミルクを合わせるのはあまり見られない手法。まろやかさがより強まってカレーの性格がハッキリとします。ガラムマサラで仕上げの香りを加えたら、オーソドックスな野菜カレーとして成立しますが、そこは少し裏切りたい。塩麹とキムチという異色の発酵調味料で個性的な風味をプラス。

SPECIAL スタンダードな香りとアブノーマルな風味

（ 材 料 ）

植物油 … 大さじ3

●ホールスパイス
　クミンシード … 小さじ1
　フェンネルシード … 小さじ1/2
　マスタードシード … 小さじ1/2
玉ねぎ（みじん切り） … 大1個（300g）
GGジュース（P.71参照） … 1/2カップ強
トマトピューレ … 大さじ3

●パウダースパイス
　ターメリック … 小さじ1
　パプリカ … 小さじ2
　コリアンダー … 大さじ1

塩 … 小さじ1弱（5g）
塩麹 … 大さじ1
水 … 150ml
ココナッツミルク … 100ml
じゃがいも
（小さめのひと口大）
… 1個（100g）
カリフラワー（小房に分ける）
… 1/2個（250g）
キムチ … 50g
ガラムマサラ … 小さじ1/2

（つくり方）

◎炒める
鍋に油とホールスパイスを熱し、マスタードシードがはじけてくるまで炒める。玉ねぎを加えてキツネ色になるまで炒める。GGジュースを加えて水分を飛ばす。トマトピューレとパウダースパイス、塩を加えて炒め合わせる。塩麹を加えて炒め合わせる。

◎煮る
水を注いで煮立て、ココナッツミルクを加える。じゃがいもとカリフラワー、キムチを加えてふたをして弱火で20分ほど煮る。ふたをあけてガラムマサラを混ぜ合わせる。

SPECIAL
カリフラワー
カレー

なすカレー

メイン	玉ねぎ	GG	ターメリック	パプリカ	クミン	コリアンダー	ベース	水分	サブ1	サブ2	隠し味	隠し香り	Aチーム クミン	Aチーム フェンネル	Bチーム マスタード	Bチーム カルダモン	Bチーム クローブ	Bチーム シナモン	レッドチリ
なす	みじん切り	すりおろし（ジュース）		○	○	○	プレーンヨーグルト	白ワイン	ズッキーニ	黄パプリカ	粉チーズ	タイム		○					○

SIMPLE スパイスの香りがしみ込んだなすを堪能

（ 材 料 ）

植物油 … 大さじ3
玉ねぎ（みじん切り）… 大1個（300g）
GGジュース（P.71参照）… 1/2カップ強
●パウダースパイス
　パプリカ … 小さじ1
　クミン … 小さじ2
　コリアンダー … 大さじ1
塩 … 小さじ1と1/2
水 … 150ml
なす（6等分して素揚げする）… 8本（600g）

（つくり方）

◎炒める

鍋に油を熱し、玉ねぎを加えてキツネ色になるまで炒める。GGジュースを加えて水分を飛ばす。パウダースパイスと塩を加えて炒め合わせる。

◎煮る

水を注いで煮立て、なすを加えてふたをして10分ほど煮る。ふたをあけてつぶしながら5分ほど煮る。

SIMPLE
なすカレー

連想ゲームのように素材を選ぶ。なすに似た食感を生むズッキーニ。ズッキーニとよくセットで使われるパプリカ。この組み合わせでトマトベースのカレーにしたらラタトゥイユのような仕上がりを目指せますが、あえて外してヨーグルトベースに。乳製品つながりで粉チーズを隠し味に。このカレーの香りの中心はクミン。少しクセの強い香りとしてタイムを合わせるとより印象深い仕上がりになります。

SPECIAL 色とりどりの野菜を様々なスパイスの香りで

(材 料)

植物油 … 大さじ3
● ホールスパイス
　クミンシード … 小さじ1
　フェンネルシード … 小さじ1/2
　マスタードシード … 小さじ1/2
　レッドチリ … 2本
玉ねぎ（みじん切り）… 中1個（250g）
GGジュース（P.71参照）
… 1/2カップ強
● パウダースパイス
　パプリカ … 小さじ1
　クミン … 小さじ2
　コリアンダー … 大さじ1

塩 … 小さじ1と1/2
プレーンヨーグルト … 100g
粉チーズ … 大さじ1
白ワイン … 100ml
水 … 100ml
なす（6等分して素揚げする）
… 4本（300g）
ズッキーニ（乱切り）
… 1本（100g）
黄パプリカ（乱切り）
… 1本（100g）
タイム … 適量

(つくり方)

◎ 炒める

鍋に油とホールスパイスを熱し、マスタードシードがはじけてくるまで炒める。玉ねぎを加えてキツネ色になるまで炒める。GGジュースを加えて水分を飛ばす。パウダースパイスと塩を加えて炒め合わせる。ヨーグルトと粉チーズを混ぜ合わせる。

◎ 煮る

白ワインを加えて煮立て、水を注いで煮立て、なすとズッキーニ、パプリカ、タイムを加えてふたをして弱火で15分ほど煮る。

SPECIAL
なすカレー

かぼちゃカレー

	SIMPLE						SPECIAL						Aチーム		Bチーム				
メイン	玉ねぎ	GG	ターメリック	パプリカ	クミン	コリアンダー	ベース	水分	サブ1	サブ2	隠し味	隠し香り	クミン	フェンネル	マスタード	カルダモン	シナモン クローブ		レッドチリ
かぼちゃ	みじん切り	すりおろし（ジュース）	○		○	○	なし	ココナッツミルク	さつまいも	アボカド	酒盗（塩辛）	しょうが				○			

SIMPLE 野菜の強い甘みをスパイスの香りが引き立てる

（ 材 料 ）

植物油 … 大さじ3
玉ねぎ（みじん切り）… 大1個（300ｇ）
GGジュース（P.71参照）… 1/2カップ強
● パウダースパイス
  ターメリック … 小さじ1
  クミン … 小さじ2
  コリアンダー　大さじ1
塩 … 小さじ1と1/2
水 … 250ml
かぼちゃ（ひと口大）… 1/4個（400ｇ）

（つくり方）

◎炒める
鍋に油を熱し、玉ねぎを加えてキツネ色になるまで炒める。GGジュースを加えて水分を飛ばす。パウダースパイスと塩を加えて炒め合わせる。

◎煮る
水を注いで煮立て、かぼちゃを加えてふたをし、弱火で20分ほど煮る。

SIMPLE
かぼちゃカレー

自由自在のヒント シナモンは甘みを引き立てる香り。クローブはそれを深める香り。カルダモンは爽やかさでアクセントをつける香り。この3種ホールスパイスの組み合わせは絶妙です。さつまいもを選んだのは、さらにその甘い味わいとほっこりした食感を増幅させるため。アボカドも同じく。さらにココナッツミルクが加わって口の中がとことんまろやかになります。隠し味にした酒盗はかなり意外かもしれませんが、効きめバッチリです。

SPECIAL　甘くまろやかな味わいを強めるスパイスの香り

（ 材 料 ）

植物油 … 大さじ3

● ホールスパイス

| カルダモン … 3粒
| クローブ … 4粒
| シナモン … 1/2本

玉ねぎ（みじん切り） … 小1個（200g）

GGジュース（P.71参照） … 1/2カップ強

● パウダースパイス

| ターメリック … 小さじ1
| クミン … 小さじ2
| コリアンダー … 大さじ1

塩 … 小さじ1弱（5g）

水 … 150ml

ココナッツミルク … 200ml

酒盗（塩辛） … 小さじ1

かぼちゃ（ひと口大）
… 1/8個（200g）

さつまいも（ひと口大）
… 1/2本（200g）

アボカド（ひと口大）
… 1個（100g）

しょうが（千切り） … 適量

（つくり方）

◎ 炒める

鍋に油とホールスパイスを熱し、カルダモンがふくらむまで炒める。玉ねぎを加えてキツネ色になるまで炒める。GGジュースを加えて水分を飛ばす。パウダースパイスと塩を加えて炒め合わせる。

◎ 煮る

水を注いで煮立て、ココナッツミルクと酒盗、かぼちゃ、さつまいもを加えてふたをして弱火で20分ほど煮る。ふたをあけてアボカドとしょうがを加えてさっと煮る。

SPECIAL
かぼちゃカレー

ひよこ豆のカレー

	SIMPLE						SPECIAL						Aチーム		Bチーム				
メイン	玉ねぎ	GG	ターメリック	パプリカ	クミン	コリアンダー	ベース	水分	サブ1	サブ2	隠し味	隠し香り	クミン	フェンネル	マスタード	カルダモン	クローブ	シナモン	レッドチリ
ひよこ豆	みじん切り	すりおろし（ジュース）	○	○	○	○	トマトピューレ	生クリーム	紫玉ねぎ	セロリ	スイートチリソース	パクチー		○					

SIMPLE とろりとしたカレーソースにホクホクの豆

（ 材 料 ）

植物油 … 大さじ3
玉ねぎ（みじん切り）… 大1個（300g）
GGジュース（P.71参照）… 1/2カップ強
● パウダースパイス
　ターメリック … 小さじ1
　クミン … 小さじ2
　コリアンダー … 大さじ1
塩 … 小さじ1と1/2
水 … 100ml
ひよこ豆（水煮）… 500g

（つくり方）

◎炒める

鍋に油を熱し、玉ねぎを加えてキツネ色になるまで炒める。GGジュースを加えて水分を飛ばす。パウダースパイスと塩を加えて炒め合わせる。

◎煮る

水を注いで煮立て、ひよこ豆を加えてふたをし、弱火で10分ほど煮る。ふたをあけてつぶしながら煮詰める。

SIMPLE
ひよこ豆の
カレー

自由自在
の
ヒント

軽やかな味わいに落ち着きがちなひよこ豆。しっかりした食べ応えを持たせるためにトマトベースにして生クリームを混ぜるゴールデンコンビ。サブの食材をセロリと紫玉ねぎという香味野菜にしているのは、あくまでも豆をメインにするためです。シードスパイスが口の中でプチッとはじける感じを期待しつつ、クミンの堂々とした香りやパクチーのクセのある香りを楽しむ。全体的にリッチな味わいに。

SPECIAL　スパイスの香りで豆の味わいに深みを生む

（ 材 料 ）

植物油 … 大さじ3
●ホールスパイス
　クミンシード … 小さじ1
　フェンネルシード … 小さじ1/2
　マスタードシード … 小さじ1/2
玉ねぎ（みじん切り） … 小1個（200g）
GGジュース（P.71参照） … 1/2カップ強
トマトピューレ … 大さじ4
●パウダースパイス
　ターメリック … 小さじ1
　パプリカ … 小さじ1
　クミン … 小さじ2

塩 … 小さじ1強（7g）
水 … 150ml
スイートチリソース … 大さじ1
ひよこ豆
（水煮・軽くつぶしておく）
　… 250g
紫玉ねぎ（2センチ幅）
　… 1個
セロリ（スライス） … 1/3本
生クリーム … 100ml
パクチー（ざく切り）
　… 1/2カップ

（つくり方）

◎炒める

鍋に油とホールスパイスを熱し、マスタードシードがはじけてくるまで炒める。玉ねぎを加えてキツネ色になるまで炒める。GGジュースを加えて水分を飛ばす。トマトピューレを加えて炒める。パウダースパイスと塩を加えて炒め合わせる。

◎煮る

水を注いで煮立て、スイートチリソースとひよこ豆、紫玉ねぎとセロリを加えてふたをし、弱火で10分ほど煮る。ふたをあけて生クリーム、パクチーを加えて3分ほど煮る。

SPECIAL
ひよこ豆の
カレー

まいたけのカレー

	SIMPLE						SPECIAL						Aチーム			Bチーム			
メイン	玉ねぎ	GG	ターメリック	パプリカ	クミン	コリアンダー	ベース	水分	サブ1	サブ2	隠し味	隠し香り	クミン	フェンネル	マスタード	カルダモン	クローブ	シナモン	レッドチリ
まいたけ	みじん切り	すりおろし（ジュース）		○	○	○	カシューナッツ	赤ワイン	えのきだけ	白マッシュルーム	黒すりごま	ブラックペッパー	○						○

SIMPLE まいたけの香りとスパイスの香りの相乗効果

（ 材 料 ）

植物油 … 大さじ3
玉ねぎ（みじん切り）… 大1個（300ｇ）
GGジュース（P.71参照）… 1/2カップ強
● **パウダースパイス**
　パプリカ … 小さじ1
　クミン … 小さじ2
　コリアンダー … 大さじ1
塩 … 小さじ1と1/2
水 … 150ml
まいたけ（小房に分ける）… 400ｇ

（つくり方）

◎炒める

鍋に油を熱し、玉ねぎを加えてキツネ色になるまで炒める。GGジュースを加えて水分を飛ばす。パウダースパイスと塩を加えて炒め合わせる。

◎煮る

水を注いで煮立て、まいたけを加えてふたをし、弱火で10分ほど煮る。ふたをあけて中火で3分ほど煮詰める。

SIMPLE
まいたけの
カレー

まいたけはきのこの中でも香りの強い食材です。それだけにスパイスの香りも負けないように強めたい。そこで短時間でしっかり香りの出るクミンやフェンネルに頼ります。ナッツとの相性は抜群。ベースはカシューナッツで決まり。えのきとマッシュルームの代わりにほかのきのこ類でもOK。黒すりごまとブラックペッパーはどちらも香りづけを目的にしていますが、黒がチリチリとするので見た目にもユニーク。

SPECIAL きのこの風味をとことん楽しめるカレー

（ 材 料 ）

植物油 … 大さじ3
●ホールスパイス
　クミンシード … 小さじ1
　フェンネルシード … 小さじ1/2
　マスタードシード … 小さじ1/2
　レッドチリ … 2本
玉ねぎ（みじん切り）… 小1個（200g）
GGジュース（P.71参照）… 1/2カップ強
カシューナッツペースト（P.18参照）
… 大さじ3
●パウダースパイス
　パプリカ … 小さじ1
　クミン … 小さじ2
　コリアンダー … 大さじ1

塩 … 小さじ1と1/2
赤ワイン … 100ml
水 … 100ml
黒すりごま … 大さじ1
まいたけ（小房に分ける）
… 200g
えのきだけ … 100g
ホワイトマッシュルーム
… 100g
ブラックペッパー（粗挽き）
… 小さじ2

（つくり方）

◎炒める

鍋に油とホールスパイスを熱し、マスタードシードがはじけてくるまで炒める。玉ねぎを加えてキツネ色になるまで炒める。GGジュースを加えて水分を飛ばす。カシューナッツペーストを加えて炒める。パウダースパイスと塩を加えて炒め合わせる。

◎煮る

赤ワインを注いで煮立て、水を注いで煮立て、黒すりごまとまいたけ、えのきだけ、マッシュルームを加えてふたをし、弱火で10分ほど煮る。ふたをあけて中火でさっと煮て、ブラックペッパーを混ぜ合わせる。

SPECIAL
まいたけの
カレー

キドニー豆のカレー

	SIMPLE							SPECIAL						Aチーム			Bチーム			
メイン	玉ねぎ	GG	ターメリック	パプリカ	クミン	コリアンダー	ベース	水分	サブ1	サブ2	隠し味	隠し香り	クミン	フェンネル	マスタード	カルダモン	クローブ	シナモン	レッドチリ
キドニー豆	みじん切り	すりおろし（ジュース）	○	○	○		カシューナッツ	生クリーム	ミックス野菜	ししとう	柚子胡椒	カスリメティ					○		

SIMPLE "カレーらしからぬカレー"の香りを楽しむ

（ 材 料 ）

植物油 … 大さじ3
玉ねぎ（みじん切り）… 大1個（300g）
GGジュース（P.71参照）… 1/2カップ強
● パウダースパイス
　パプリカ … 小さじ2
　クミン … 大さじ1
　コリアンダー … 小さじ2
塩 … 小さじ1と1/2
水 … 250ml
キドニー豆 … 400g

（つくり方）

◎炒める

鍋に油を熱し、玉ねぎを加えてキツネ色になるまで炒める。GGジュースを加えて水分を飛ばす。パウダースパイスと塩を加えて炒め合わせる。

◎煮る

水を注いで煮立て、キドニー豆を加えて弱火で5分ほど煮る。

インド料理にバターチキンという人気メニューがありますが、あのキドニー豆版だと思ってください。カシューナッツペーストと生クリームでナッツや乳製品のコクをしっかりと加える。油の代わりにバターを入れるのもありです。カスリメティの香りも欠かせません。レッドキドニー豆は特徴のある色味ですが、さらにミックス野菜で彩り豊かに。ししとうは香りづけのため。柚子胡椒の香りと辛味でバランスよく。

SPECIAL 素朴なカレーが一気に鮮やかで豪華に

(材料)

植物油 … 大さじ3
●ホールスパイス
　カルダモン … 4粒
　クローブ … 6粒
　シナモン … 1/2本
玉ねぎ（みじん切り）
… 小1/2個（100g）
GGジュース（P.71参照）
… 1/2カップ強
カシューナッツペースト（P.18参照）
… 大さじ3
●パウダースパイス
　パプリカ … 小さじ2
　クミン … 大さじ1
　コリアンダー … 小さじ2

塩 … 小さじ1/2
水 … 100ml
ミックス野菜（解凍しておく）
… 200g
ししとう（1センチ幅に切る）
… 12本
キドニー豆 … 200g
柚子胡椒 … 大さじ1
生クリーム … 200ml
カスリメティ … 1/4カップ

(つくり方)

◎炒める

鍋に油とホールスパイスを熱し、玉ねぎを加えてキツネ色になるまで炒める。GGジュースを加えて水分を飛ばす。カシューナッツペーストを加えて炒める。パウダースパイスと塩を加えて炒め合わせる。

◎煮る

水を注いで煮立て、ミックス野菜とししとう、キドニー豆、柚子胡椒を加えてふたをして弱火で10分煮る。ふたをあけて生クリームとカスリメティを加えて3分ほど煮る。

SPECIAL
キドニー豆の
カレー

スパイスカレー自由自在レシピ早見表

SIMPLE

	レシピ	メイン	玉ねぎ	GG	ターメリック	パプリカ	クミン	コリアンダー
肉のカレー	キーマカレー	合挽き肉			○		○	○
	骨付きチキンカレー	鶏手羽元肉			○	○	○	○
	ドライキーマカレー	鶏もも挽き肉			○		○	○
	チキンカレー	鶏もも肉			○	○	○	○
	チキンマサラ	鶏もも肉	くし形切り	すりおろし（ジュース）	○	○	○	○
	ポークカレー	豚バラ肉			○		○	○
	ビーフカレー	牛肉			○		○	○
	ラムカレー	ラム肉					○	○
	ミートボールカレー	豚挽き肉			○		○	○
魚介のカレー	フィッシュカレー（白身魚）	たら（白身魚）			○		○	○
	エビカレー	エビ			○		○	○
	フィッシュカレー（青魚）	あじ（青魚）			○	○		○
	あさりカレー	あさり	スライス	みじん切り	○		○	○
	シーフードカレー	シーフードミックス			○			○
	サバ缶カレー	サバ缶			○			○
	サーモンカレー	サーモン			○			○
野菜・その他のカレー	じゃがいもカレー	じゃがいも			○		○	○
	卵のカレー	ゆで卵			○		○	○
	オクラのカレー	オクラ			○			○
	ほうれん草カレー	ほうれん草			○		○	○
	カリフラワーカレー	カリフラワー	みじん切り	すりおろし（ジュース）	○			○
	なすカレー	なす			○		○	○
	かぼちゃカレー	かぼちゃ			○		○	○
	ひよこ豆のカレー	ひよこ豆			○		○	○
	まいたけのカレー	まいたけ			○		○	○
	キドニー豆のカレー	キドニー豆			○			○

作りたいカレーのレシピを選ぶときに活躍しそうな一覧表です。写真を見て「おいしそう」と思うカレーから作る方法もありますが、使われている食材やスパイスをざっと眺めて決めるのも有効な方法です。誰にも好き嫌いがあったり、使ってみたい食材やアレルギー食材などがあったりします。

また、慣れてきたら、この表を眺めていると「そうだ、あれとこれを組合わせてみよう」という自分なりの自由自在アイデアがひらめくこともあるかもしれません。ご活用ください。

———— SPECIAL ————

ベース	水分	サブ1	サブ2	隠し味	隠し香り	Aチーム				Bチーム		レッドチリ
						クミン	フェンネル	マスタード	カルダモン	クローブ	シナモン	
プレーンヨーグルト	水	グリーンピース	なす	ココナッツファイン	パクチー					○		
プレーンヨーグルト	ココナッツミルク	白菜	長ねぎ	塩麹	ローズマリー					○		
トマトピューレ	赤ワイン	にんじん	いんげん	オイスターソース	ミント	○						○
カシューナッツ	水	小松菜	トマト	三温糖	しょうが					○		
トマトピューレ	水	オクラ	ピーマン	マーマレード	カスリメティ	○						○
カシューナッツ	ココナッツミルク	大根	りんご	ココナッツファイン	ガラムマサラ					○		
トマトピューレ	赤ワイン	茶マッシュルーム	赤パプリカ	ブルーベリージャム	ガラムマサラ					○		
トマトピューレ	生クリーム	かぶ	ビーツ	塩麹	タイム					○		
なし	赤ワイン	キャベツ	ブロッコリー	はちみつ	パセリ	○						
プレーンヨーグルト	ココナッツミルク	しいたけ	まいたけ	粒マスタード	ディル	○						
なし	ココナッツミルク	レッドキドニー	たけのこ	ナンプラー	バジルペースト	○						
トマトピューレ	水	れんこん	ごぼう	梅酒	カレーリーフ	○						○
カシューナッツ	白ワイン	カリフラワー	オリーブ	生クリーム	カレーリーフ	○						
カシューナッツ	ココナッツミルク	ほうれん草	エリンギ	ナンプラー	タイム					○		○
トマトピューレ	水	レタス	ドライトマト	白ごま	しょうが					○		
カシューナッツ	生クリーム	アスパラガス	厚揚げ	ナンプラー	ディル	○						
カシューナッツ	水	うずらの卵	しめじ	だし粉	ブラックペッパー					○		
トマトピューレ	白ワイン	ゴーヤ	枝豆	三温糖	しょうが	○						○
トマトピューレ	生クリーム	ひよこ豆	コーン	スイートチリソース	青ねぎ	○						○
カシューナッツ	生クリーム	ミニトマト	カッテージチーズ	黒糖	カスリメティ	○						
トマトピューレ	ココナッツミルク	じゃがいも	キムチ	塩麹	ガラムマサラ	○						
プレーンヨーグルト	白ワイン	ズッキーニ	黄パプリカ	粉チーズ	タイム							○
なし	ココナッツミルク	さつまいも	アボカド	酒盗（塩辛）	しょうが					○		
トマトピューレ	生クリーム	紫玉ねぎ	セロリ	スイートチリソース	パクチー	○						
カシューナッツ	赤ワイン	えのきだけ	白マッシュルーム	黒すりごま	ブラックペッパー	○						○
カシューナッツ	生クリーム	ミックス野菜	ししとう	柚子胡椒	カスリメティ					○		

チキンカレー
自由自在

即興で次々とカレーを作る、
僕の最も得意な分野のレシピを紹介します。
自由に食材を選び、自在にスパイスを使う。
ルールはひとつだけ。チキンカレーで10バリエーション。
相方は東京カリ〜番長のリーダー。
チキンカレーしばりなだけでは物足りないので、
もうひとつハードルを課しました。
10種類のカレーソースは10色に仕上げる。
すべてのカレーが違う色味になるように
レシピを設計しながら作っていきます。

スムーズに料理を進めるために、以下の準備をしました。

● 丸鶏をさばき、部位ごとにバットに並べる
● 鶏ガラが出るので、スープを作る
● 手元にあったサブ食材を適当なサイズに切って並べる
● 玉ねぎはくし形切りにし、くたっとするまで蒸し煮
● カシューナッツペースト、トマトピューレ、ヨーグルトのベースを準備
● にんにくとしょうがはそれぞれ適量の水と共に
　　ミキサーでGGジュースにしておく
● スパイスは、ホールスパイスとパウダースパイスを小鉢に出しておく
● 塩はいつでも計量できるよう、スケールのそばに設置
● カセットコンロを4台、片手鍋を5つ、木べらとゴムベラを各3本

さあ、準備は整いました。
ホワイトボードを使って、
これから作るカレーの作戦会議をちょっとだけ。
ライブクッキングの開始です！

《 TOKYO CURRY BANCHO LEADER

本名、伊東盛。男性14人組の出張料理集団「東京カリ〜番長」の
リーダーとして、20年以上、全国各地に出張してライブクッキング
を実施。現在は、週に一度だけ営業する「トウキョウスパイスカレ
ー」を営んでいる。

» レモンチキンカレー

黄色と白色が
混ざるから、
美しいレモン色に
なるんです。

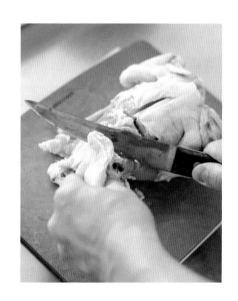

Ⓜ レモンチキンはレモンをたっぷり絞って酸味を思いっきりきかせよう。

Ⓛ おお！

Ⓜ ソースの色味はレモン色にしたいよね。玉ねぎはそんなに炒めない。ターメリックパウダーをメインにして、ホールスパイスを多めに入れる感じかな。他のパウダースパイスを入れると茶色がついちゃうから。鶏肉は手羽中だから20分ぐらい煮ればいいかな。

Ⓛ そうだね。

Ⓜ レモン色をきれいに出すためにココナッツミルクを。ベースはカシューナッツペーストかな。

Ⓛ レモンチキンはあっさりいこうよ。

Ⓜ じゃあベースはヨーグルトで。

手羽中はカンタンに
やわらかくなるし、
味もうまい。

(材 料)

植物油 … 大さじ3

◉ **ホールスパイス**
| マスタードシード … 小さじ1
| クミンシード … 小さじ1/2
| フェンネルシード … 小さじ1/4

玉ねぎ（くし形切り）… 小1個（200g）

◉ **パウダースパイス**
| ターメリック … 小さじ2
| コリアンダー … 小さじ2

塩 … 小さじ1と1/2

鶏手羽中肉 … 500g

しょうが（すりおろし）… 大さじ2

プレーンヨーグルト … 100g

水 … 100ml

ココナッツミルク … 200ml

レモン汁 … 1個分

(つくり方)

◎炒める

鍋に油とホールスパイスを中火で熱し、マスタードシードがはじけてくるまで炒める。玉ねぎを加えてイタチ色（明るいキツネ色）にほんのり色づくまで炒める。パウダースパイスと塩を加えてさっと炒め合わせる。鶏肉としょうがを加えて肉の表面全体が色づくまで炒める。

◎煮る

ヨーグルトを加えて混ぜ合わせ、水を注いで煮立て、ふたをして弱火で20分ほど煮る。ふたをあけてココナッツミルクを加え、5分ほど煮る。レモン汁を加えて混ぜ合わせる。

できあがり！

予想通りの味に
仕上がると、
テンションアップ！

» バターチキンカレー

スパイスを
混ぜ合わせるときは
いつも、ワクワク。

L　バターチキンは玉ねぎなしでいこうかな。

M　それで生クリームたっぷりでしょ？

L　ヨーグルトマリネして。

M　むね肉か。

L　そう。スパイスはターメリックとパプリカが
　　メイン。

M　マリネしたら、もう他にやることないじゃん。
　　あっという間にできちゃう。

L　一応ホールスパイスはシナモン、カルダモン、
　　クローブの3点セットで。これをバターで炒
　　めよう。

M　このカレー、きれいなオレンジ色にしてよ。
　　「こんなきれいなオレンジ色出るんだ！カレ
　　ーで！」ってなるくらい。だからトマトとパ

プリカ多めにして。生クリームは200ml 使っ
ていいから。

L　仕上げにカスリメティだね。

バターチキンカレー

生クリームは
ずるいよね。
おいしくなっちゃう。

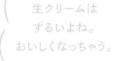

(材料)

バター … 40g
●ホールスパイス
カルダモン … 8粒
クローブ … 12粒
シナモン … 1/2本
トマトピューレ … 150g
カシューナッツペースト（P.18参照）
… 80g
塩 … 小さじ1弱（5g）
鶏むね肉 … 400g
マリネ用
プレーンヨーグルト … 40g
塩 … 小さじ1/2強
にんにく（すりおろし）… 小さじ2
しょうが（すりおろし）… 小さじ1
レモン汁 … 1/2個分

●パウダースパイス
ターメリック … 小さじ1/2
パプリカ … 小さじ1と1/2
クミン … 小さじ1
コリアンダー … 小さじ1
生クリーム … 200ml
柚子ジャム … 小さじ1/2強
カスリメティ … 大さじ1

(下準備)

マリネ用の材料とパウダースパイスをボウルに入れてよく混ぜ、鶏むね肉を加えてよくもみ込んでおく。

(つくり方)

◎炒める
鍋にバターとホールスパイスを中火で熱し、バターが溶けて泡立つまで炒める。

◎煮る
トマトピューレを加えてグツグツ煮詰める。カシューナッツペーストと塩を加えて混ぜ合わせる。マリネした鶏肉をマリネ液ごと加えて煮立て、5分ほど煮る。生クリームと柚子ジャムを加えて弱火で10分ほど煮て、カスリメティを混ぜ合わせる。

できあがり！

みんな大好き
バターチキン。
おいしいよ。

3品目

CHICKEN CURRY

» ペッパーチキンカレー

> 唐辛子を
> しっかり炒める。
> 気をつけないと
> ゲホゲホ。

Ⓜ ペッパーだね、とにかく。色は茶色。パウダースパイスをちょっと多めにして皮なしのもも肉をマリネする。ヨーグルトを使うかどうかはちょっと悩み中。

Ⓛ うん。ヨーグルトいらないんじゃない？

Ⓜ 玉ねぎをヒグマ色くらいまで炒めて、そこにマリネした鶏肉を加えてふたをして蒸し煮にしていくっていうイメージ。仕上げのブラックペッパーを「そんなに入れていいの！？」っていうくらい入れる。

Ⓛ もう一声何か欲しいね。

Ⓜ なんだろうね。玉ねぎを炒めるときにパクチーの根っこをどっさり炒めて香りを出そうかな。あと何か方法ある？

Ⓛ 辛くして！　ホールのチリをどっさり。

Ⓜ じゃあそんな感じで行きますか。ブラックペッパーとチリの香りと辛みを存分に出すとしたら、チリの種は抜く？　抜いて12本とか。

Ⓛ いいかもしれない。いけるいける。

Ⓜ 仕上げにちょっとココナッツミルクを入れたい気もする。作りながら考えよう。

できあがり！

このしっとり感。
ご飯がすすむのだ。

（ 材 料 ）

植物油 … 大さじ3

●ホールスパイス
│ レッドチリ（種を取る）… 12本
パクチーの根（みじん切り）… 大さじ2
玉ねぎ（くし形切り）… 1個
にんにく（すりおろし）… 大さじ3
パクチーの茎と葉（みじん切り）
… 1/2カップ
鶏もも肉（皮なし）… 600g

マリネ用
│ プレーンヨーグルト … 30g
│ 塩 … 小さじ1と1/2

●パウダースパイス
│ クミン … 大さじ2
│ コリアンダー … 大さじ1
│ ガラムマサラ … 小さじ2
水 … 100ml
ブラックペッパー（粗挽き）
… 大さじ1強
生クリーム … 50ml

（ 下準備 ）

マリネ用の材料とパウダースパイスをボウルに入れてよく混ぜ、
鶏もも肉を加えてよくもみ込んでおく。

（つくり方）

◎炒める

鍋に油とレッドチリを入れて中火で熱
し、こんがり深く色づくまで炒める。
パクチーの根を加えてさっと炒め、玉
ねぎを加えてタヌキ色（濃いキツネ
色）になるまで炒める。にんにくとパ
クチーの茎と葉を加えて水分がきっち
り飛ぶまで炒める。マリネした鶏肉
をマリネ液ごと加えて全体をなじませ
る。

◎煮る

水を注いで煮立て、ふたをして弱火
で15分ほど煮る。ふたをあけてブラ
ックペッパーと生クリームを加え、強
火にし、3分ほど煮詰める。

4 品目
CHICKEN CURRY

» スープチキンキーマカレー

こんなに
どっさり炒めるのは
久しぶりだなあ。

Ⓜ スープキーマを作りますけれども。白っぽい
カレーにしたい。カシューナッツペーストと
その鶏ガラのだしのうま味で作る感覚かな。
玉ねぎは控えめに炒めて。ホールスパイスを
さ、ここにあるの全部使っていい？

Ⓛ 全種類？

Ⓜ 7種類全部。

Ⓛ パウダーなし？

Ⓜ なし。挽き肉だから煮る必要はないんだな。
隠し味は？　特にないか。ベースはカシュー
ナッツだもんね。隠し香りとしてしょうがの
千切りとかいってもいいけどね。

Ⓛ あー、いいんじゃない？　青ねぎみたいなも
のがあってもいいですね。

Ⓜ じゃあ、あれかな、僕の好きなタイムでいき
ます。

できあがり!

(材 料)

植物油 … 大さじ3
● ホールスパイス
　カルダモン … 4粒
　クローブ … 4粒
　シナモン … 1/2本
　クミンシード … 小さじ1
　マスタードシード … 小さじ1
　フェンネルシード … 小さじ1/4
　レッドチリ … 2本

玉ねぎ（くし形切り） … 1個
にんにく（すりおろし） … 大さじ1
しょうが（すりおろし） … 大さじ1
鶏もも挽き肉 … 400g
塩 … 小さじ1と1/2
鶏ガラスープ … 200ml
カシューナッツペースト（P.18参照）
… 大さじ3
ココナッツミルク … 200ml
タイム … 適量

(つくり方)

◎ 炒める

鍋に油とホールスパイスを入れて中
火で熱し、マスタードシードがはじけ
てくるまで炒める。玉ねぎを加えてし
んなり透明になるまで炒める。にんに
くとしょうがを加えてイタチ色（明るい
キツネ色）にほんのり色づくまで炒め
る。挽き肉と塩を加えて肉の表面が
白っぽくなるまで炒める。

◎ 煮る

スープを注いで煮立て、カシューナッ
ツペーストを加えて混ぜ合わせる。コ
コナッツミルクを加えて煮立て、ふた
をして弱火で10分ほど煮る。ふたを
あけてタイムを加え、10分ほど弱火で
煮る。

≫ 焼きチキンカレー

5 品目
CHICKEN CURRY

マスタードの
つぶつぶがあると、
うれしくなる。

丸鶏をさばくと
細切れが
出るんだよね。

Ⓜ 焼きチキンはきっちり火を入れる？

Ⓛ そう、肉を焼いて。

Ⓜ 小さめに切ったもも肉を使うんだね。

Ⓛ そうそう。パラッとするまで焼きつける。だから汁気はないよ。

Ⓜ 仕上げのパクチーを「そんなに入れないでよ！」っていうくらいの量をとにかくどっさりと入れてよ。

Ⓛ はいはい、どっさりね。

Ⓜ 油は多めでいいかもしれないね。大さじ6くらい、思い切って使う。スパイスどうするかだよね。

Ⓛ 食べられるホールスパイスを中心にしたら食感が楽しめそう。

Ⓜ じゃあ、シード系だ。

Ⓛ パウダーはどうしようかな。コリアンダー、ターメリックとパプリカをちょっとずつ使いますけど。

Ⓜ 王道。

Ⓛ そうだね。クミンはシードだけにしてコリアンダーパウダーを結構多めに。

Ⓜ そこにパクチーがどっさり。ベースは？　トマト？　ヨーグルト？

Ⓛ どうしようかな。肉のうま味があるからね、トマトはなくてもいいかな。

110

パクチーは
どっさり入れる!
嫌いな人、ごめん。

(材料)

植物油 … 大さじ6

◎ **ホールスパイス**
| クミンシード … 小さじ1
| マスタードシード … 小さじ1
| レッドチリ … 2本
パクチーの根(みじん切り)
… 大さじ1強
玉ねぎ(くし形切り)
… 中1個(250g)
塩 … 小さじ1
にんにく(すりおろし) … 大さじ1
しょうが(すりおろし) … 大さじ1
プレーンヨーグルト … 40g

◎ **パウダースパイス**
| ターメリック … 小さじ1
| パプリカ … 小さじ1/2
| コリアンダー … 大さじ1と1/2
鶏もも肉(細切れ) … 500g
パクチーの茎と葉(粗みじん切り)
… 2〜3カップ

(つくり方)

◎ 炒める

鍋に油とホールスパイスを入れて熱
し、マスタードシードがはじけてくる
まで炒める。パクチーの根を加えて
さっと炒め、玉ねぎと塩を加えてキツ
ネ色になるまで炒める。にんにくとし
ょうがを加えて水分を飛ばすように炒
め、プレーンヨーグルトを加えて混ぜ
合わせる。パウダースパイスを加えて
炒める。鶏肉を加えて表面全体にし
っかり焼き色がつくまで炒め、パクチ
ーの茎と葉を加えて炒める。

できあがり！

とにかく
香ばしさ重視。
うまい！

» シャバシャバチキンカレー

しっかり炒めて
香りも色も
深めていく。

M シャバチキ、いきます。どんな設計？

L ほんとシャバシャバなんでスープでサラッとさ
せるんだけれど、玉ねぎはかなり焼きを入れて
いって濃い色に。そのときにしっかり潰して炒
めるんで、食感は残らずにサラッとする。

M 仕上がりには溶けていなくなっているくらい
の状態。色を濃くするならホールスパイスを
使わずに、パウダースパイスのみかな。色は？

L 濃い茶色。こげ茶色を目指す。

M 煮込み時間は結構長めだね。

L そうだね、45分くらい。

M 煮込んでスープにうま味が出るからシャバシ
ャバでも食べ応えがある。

L がんばります。

113

シャバシャバチキンカレー

鶏ガラって
便利だよね。
安くて使える。

(材 料)

植物油 … 大さじ3
玉ねぎ（くし形切り）…中1個（250g）
にんにく（すりおろし）… 大さじ1
しょうが（すりおろし）… 小さじ2
● **パウダースパイス**
| ターメリック … 小さじ1/2
| クミン … 大さじ1
| コリアンダー … 大さじ1
| ガラムマサラ … 小さじ1
塩 … 小さじ1弱（5g）
骨付き鶏もも肉（ぶつ切り）
… 500g
赤ワイン … 80ml
鶏ガラスープ … 400ml
ナンプラー … 小さじ2

(つくり方)

◎炒める

鍋に油を中火で熱し、玉ねぎを加えてヒグマ色
（あめ色）になるまで炒める。にんにくとしょう
がを加えて水分がきっちり飛ぶまで炒める。パ
ウダースパイスと塩を加えて、スパイスの香ば
しい香りが立つまできっちり炒める。鶏肉を加
えて表面全体が色づくまで炒める。

◎煮る

赤ワインを注いで煮立て、スープを注いで煮立
て、ふたをして弱火で45分ほど煮る。ふたを
あけてナンプラーを混ぜ合わせる。

» ワインチキンカレー

7品目
CHICKEN CURRY

ちょっと珍しい手法。
煙が出るくら
いこんがり。

M とにかく「赤ワインそんなに入れるんだ！？」っていうくらい赤ワインを主体で煮込んだチキンカレーにしたい。

L パウダースパイスをローストしよう。そこがポイントかな。一番最初に乾煎りするんだよね。

M もう煙出るくらいに焙煎して肉と合わせてマリネするのがいいんじゃないかな。

L ホールスパイスなくてもいいかな。

M ベースは？

L もちろんトマトピューレ。

M 入れすぎると赤ワインの酸味と重なって酸っぱくなりすぎるかもしれないけど。

L そうだね。にんにくも少しだけ多めにしよう

かな。

M 色は赤黒系を目指す。今までに見たことないチキンカレーの姿を見たいね。

味も見た目も
「深い」カレー。

できあがり!

（ 材 料 ）

◉ パウダースパイス

- パプリカ … 大さじ1
- クミン … 小さじ2
- コリアンダー … 大さじ1
- ガラムマサラ … 小さじ1/2

骨付き鶏もも肉 … 500g
植物油 … 45g
玉ねぎ（くし形切り）
… 大1個（300g）
塩 … 小さじ1と1/2
にんにく（すりおろし） … 大さじ1強
しょうが（すりおろし） … 大さじ1弱
トマトピューレ … 大さじ3
ココナッツファイン … 大さじ2
赤ワイン … 300ml
鶏ガラスープ … 100ml
ココナッツミルク … 大さじ2

（つくり方）

◎炒める

鍋にパウダースパイスを入れて、こんがり色づいて香ばしい香りがつくまで乾煎りする。煙が上がっても煎り続け、焦げる手前まで火を入れるイメージ。そのままボウルに入れた鶏肉に加えてまぶしておく。空いた鍋に油を熱し、玉ねぎと塩を加えてキツネ色になるまで炒める。にんにくとしょうがを加えて水分を飛ばしながら、タヌキ色（濃いキツネ色）になるまで炒める。トマトピューレとココナッツファインを加えて炒め合わせる。

◎煮る

赤ワインを注いで煮立て、スープを注いで煮立て、ふたをして弱火で30分ほど煮る。ふたをあけてココナッツミルクを混ぜ合わせる。

» ハーブチキンカレー

ここでチキンの
表面をこんがり。
うま味が強まる。

Ⓜ ハーブのメインはバジル。あとはパウダース
パイスの濃厚な感じにしたくないので、ホー
ルスパイスを使う。手羽元はちょっと切り込
みを入れようかな。火が入りやすいように。
あとは何かアイデアある？

Ⓛ うーん。ちょっと甘くしたいよね。はちみつ
がいいんじゃない？

Ⓜ じゃあナンプラーと合わせようかな。

Ⓛ ハーブだからね。タイのグリーンカレー的な
イメージにもなる。

Ⓜ だから玉ねぎとか少なめにしたい。

Ⓛ いいんじゃない？

Ⓜ じゃあそんな感じで。

イメージ通りの
色と香り。
ハーブは GOOD !

＼できあがり！／

（ 材料 ）

植物油 … 大さじ3
● **ホールスパイス**
　クミンシード … 小さじ1/2
　カルダモン … 5粒
　クローブ … 5粒
　シナモン … 1/2本
玉ねぎ（くし形切り）
… 1/2個（125g）
にんにく（みじん切り）… 大さじ1
しょうが（みじん切り）… 大さじ2
鶏手羽元肉 … 500g
カシューナッツペースト（P.18参照）
… 大さじ2強

● **パウダースパイス**
　コリアンダー … 大さじ2
塩 … 小さじ1と1/2
ナンプラー … 大さじ1
水 … 250ml
ハーブペースト
　バジル … 30g
　水 … 100ml
　ココナッツミルク … 100ml
はちみつ … 小さじ2

（つくり方）

◎ 炒める

鍋に油とホールスパイスを入れて熱し、カルダモンがふくらむまで炒める。玉ねぎを加えてしんなり透明になるまで炒める。にんにくとしょうがを加えて水分が飛ぶまで炒める。鶏肉を加えて表面がこんがり色づくまで炒める。カシューナッツペーストとコリアンダー、塩とナンプラーを加えて炒め合わせる。

◎ 煮る

水を注いで煮立て、ふたをして弱火で40分ほど煮る。ふたをあけてハーブペーストとはちみつを加えて5分ほど煮る。

（ 下準備 ）

ハーブペーストの材料をミキサーでペーストにする。

9品目
CHICKEN CURRY

» サーグチキンカレー

こんなにたっぷり
ほうれん草を
使うなんて……！

Ⓜ 次はサーグ作ったらいいじゃん。リーダー得
　意のサーグ。

Ⓛ いきますか。ほうれん草を湯がいて。

Ⓜ カスリメティどっさり入れたい。緑をどのく
　らい出すかだね。さっと煮て鮮やかな緑色に
　するのもいいし、しっかり煮て色は濁るけど
　ほうれん草のうま味を出す方法もある。

Ⓛ しっかり煮込んで、ちょっとモタっとさせた
　い。汁気少なめ。

Ⓜ あー、いいね。スパイスの感じは？　メイン
　はクミンだね、とにかく。シードとパウダー
　両方入れたい。フェンネルもいいね。

Ⓛ クミンシード、フェンネルシード、クミンパ
　ウダー、ホールでシナモンちょっとだけ。タ

ーメリックもパプリカも使わない。

Ⓜ そうだね。サーグはターメリック入れると色
　が濁る。にんにくたっぷりがいいなぁ。

Ⓛ はいはい。じゃあみじん切りで、えーっと、
　6片。

Ⓜ 6片！　いくねー！

Ⓛ いや、4片にしておこうかな。

\できあがり!/

このカレーはね、
パンにも合うんです。

(材 料)

植物油 … 大さじ3強（50ｇ）

●**ホールスパイス**
| シナモン … 1/2本
| クミンシード … 小さじ1
| フェンネルシード … 小さじ1
にんにく（みじん切り）… 大4片
玉ねぎ（くし形切り）
… 小1個（200ｇ）

●**パウダースパイス**
| クミン … 大さじ1
| コリアンダー … 小さじ1
| ガラムマサラ … 小さじ1/4

塩 … 小さじ1
鶏モモ肉
（皮なし・ひと口大に切る）
… 400ｇ
ほうれん草 … 18株（360ｇ）
三温糖 … 大さじ2
カスリメティ … 大さじ4

(下準備)

ほうれん草はざく切りにし、さっと湯がいて300 ml の水と一緒に
ミキサーでピューレにしておく。

(つくり方)

◎炒める

鍋に油とホールスパイスを入れて中火で
熱し、クミンシードがこんがり色づくまで
炒める。にんにくを加えてこんがり色づく
まで炒める。玉ねぎを加えてタヌキ色（濃
いキツネ色）になるまで炒める。パウダー
スパイスと塩を加えてさっと炒める。鶏肉
を加えて表面全体が色づくまで炒める。

◎煮る

ほうれん草ピューレを加えて煮立て、三温
糖を加えて中火にし、10 分ほどよくかき混
ぜながら煮詰める。弱火にしてカスリメテ
ィを加え、5 分ほど煮る。

» セサミチキンカレー

王道の
3種スパイスを
バサーッ!

M　このカレーは、15分で作る。

L　おお、すごい!

M　いやいや、一からやったら15分じゃできな
　　いけど、ライブクッキング用に玉ねぎをあら
　　かじめ蒸し煮にしてあるから。たっぷりの玉
　　ねぎと鶏肉を炒めて出来上がりっていう感じ
　　でいけそう。

L　なるほど。セサミはどこにいったんだ。

M　セサミも入れるよ。黒すりごま。マスタード
　　シード、フェンネルシード、クミンシードを
　　入れて、ザクザク炒めていって完成。

L　なるほど。

M　黒すりごまは最後に仕上げでバサッと混ぜ
　　て、黒がチリチリしているカレーにしよう。

いいねぇ！
立ち昇る湯気。
いよいよ完成だ。

（ 材 料 ）

植物油 … 大さじ3

● **ホールスパイス**

クミンシード … 小さじ1
マスタードシード … 小さじ1
フェンネルシード … 小さじ1/2

玉ねぎ（くし形切り）… 大2個（600g）
塩 … 小さじ1と1/2
にんにく（すりおろし）… 大さじ1
カシューナッツペースト（P.18参照）
… 大さじ3
鶏もも肉（ひと口大に切る）
… 400g

● **パウダースパイス**

ターメリック … 小さじ2
パプリカ … 小さじ2
クミン … 小さじ2

鶏ガラスープ … 50ml
黒すりごま … 大さじ4

（つくり方）

◎炒める

鍋に油とホールスパイスを入れて中火で熱し、
マスタードシードがはじけてくるまで炒める。
玉ねぎと塩を加えてよく混ぜ合わせ、弱めの中
火で玉ねぎ全体がしんなりするまでじっくり炒
める。にんにくを加えてさらに炒め、カシュー
ナッツペーストを混ぜ合わせる。鶏肉を加えて
表面全体が色づくまで炒める。パウダースパイ
スを加えて炒め合わせる。

◎煮る

鶏ガラスープを加えて煮立て、中火でよくかき
混ぜながら10分ほど煮る。黒すりごまを加え
て3分ほど煮る。

カレークッキングはこんなにも自由だ！

1 レモンチキンカレー

2 バターチキンカレー

3 ペッパーチキンカレー

4 スープチキンキーマカレー

5 焼きチキンカレー

6 シャバシャバチキンカレー

7 ワインチキンカレー

8 ハーブチキンカレー

9 サーグチキンカレー

10 セサミチキンカレー

色とりどり、
10種類のチキンカレーが完成しました。
いかがでしたか？

本当に自由自在に
カレー作りを楽しみました。
「そうか、こんなに簡単にできるのか」
「あのくらいなら自分にもできそうだ」
そんなふうに感じてもらえたら
いいなと思います。

おわりに

同じカレーは二度と作らない。

これをモットーに僕は20年以上、全国各地を訪れてライブクッキングをしてきました。必要最低限のスパイスだけ持って旅に出かける。目的地に着いたら市場やスーパーへ行き、その日の気分やひらめきを元に手あたり次第に食材を調達。
さて、作ろうか。そこからは無心で次々とカレーを作っていく。許されるならいつまでも作る。仲間と一緒に2日間で50種類以上のカレーを作ったこともありました。
そう、僕のクッキングスタイルはずっと自由自在そのものでした。おかげで鍋に向かうときには常にワクワクする気持ちと共にあります。そんな刺激を少しでも伝えられたとしたら、みなさんが仲間入りしてくれるようで、嬉しく思います。

レシピというものは不思議なものです。
誰もが等しく宝物のように大事にできるレシピというものは存在しません。人によって好みは違いますから。それでもレシピは僕たちに寄り添ってくれます。
レシピは扉みたいなものだと僕は思います。
扉を開けて館に入り、すこしだけ迷路を楽しむ気持ちがあれば、自分だけの宝物を見つけることができるのですから。

同じカレーは二度と作 "れ" ない

そう、実はそうとも言えるんですよね。本書をお読みいただいた皆さんは、スパイスで作るカレーの果てしないバリエーションを実感していただいたことでしょう。自由自在に作れるんだ、作っていいんだ、ということも。
多くの人が "おいしいカレーの正解" を求めてレシピを探す時代なのかもしれません。でも、僕はいつもこう言います。
「僕には正解はわかりません、正解はそれぞれの作り手の中にあるのだから」
冷たいようだけれど、こう答えるしかありません。
「だから自分にとって最高のカレーは自分で探し、自分で見つけてください」
本書がそのための手引きとなることを祈っています。

2021年初春　水野仁輔

水野仁輔（みずのじんすけ）

スパイスで刺激的な体験を届けるサービス「AIR SPICE」代表。
1999年にカレーに特化した出張料理集団「東京カリ〜番長」を
立ち上げて以降、全国各地を訪れてライブクッキングを実施。
著書は『カレーの教科書』（NHK出版）、『スパイスの教科書』（PIE
INTERNATIONAL）など50冊以上。世界を旅するフィールドワ
ークや「カレーの学校」などを通じてカレーを探求し続けている。

スパイスカレー自由自在

2021年4月1日　第1刷発行

著者 ——————————— 水野仁輔
発行者 —————————— 佐藤靖
発行所 —————————— 大和書房
　　　　　　　　　　　　　東京都文京区関口1-33-4
　　　　　　　　　　　　　電話03（3203）4511
ブックデザイン ——————— 内村美早子（anemone graphic）
スタイリング ————————— 川﨑尚美
撮影 ——————————— 片桐圭（lingua franca）
編集 ——————————— 渡邊真彩（大和書房）

本文印刷 —————————— 廣済堂
カバー印刷 ————————— 歩プロセス
製本 ——————————— ナショナル製本